All things strange and wonderful
My adventures as a vet in Africa

【全新封面改版】

獸醫、動物與我

菜鳥獸醫不可思議
又真實療癒的非洲奇幻冒險

Herbert Rebhan / Dr.Reb
赫伯特・瑞博漢 / 瑞博醫師——著
林小綠——————譯

【作者序】

不只是非洲行醫經驗，更是人生啓示

「你是誰？」大貓咆哮之後厲聲問道，聽這聲音彷彿有頭獅子就在我背後。我想起姆津巴大夫的指示：不要轉身，也不要跑。

結束為期兩年的和平工作團志工服務，在旅行了六個月後，一九八七年，我回到家鄉和親朋好友團聚。父親給了我一個袋子，裡頭裝滿了我在非洲期間寫的家書。他說：「這會是一本很棒的書，你應該寫出來。」

一開始，我單純是寫給家人和朋友看，反應出奇地好，讓我有了想要出版的念頭。接下來十幾年，我不斷改寫投稿，也因為被退稿太多次，心中多次打退堂鼓，這時，就會有個人跳出來激勵我，讓我又繼續埋頭寫作。

那個人就是布萊恩．狄伯。第一次見面，他打電話來請我去治療一頭跛腳的公牛。當時，我得知他是大學英文系的系主任，我清楚記得我說的每一個字：「布萊恩，我正在寫一本書，描述我在非洲擔任和平工作團志工的經驗。看過的人都說我寫得很好，應該出書才對，但我已試了好幾年。可以麻煩你讀過之後告訴我，我到底該寫下去，還是乾脆燒掉算了？」

你現在之所以能看到這本書，要歸功於兩個人。其中一人就是布萊恩，是他的堅持讓我持之以恆。另一人是出版社的社長雷克斯．芬奇先生，是他的大膽讓稿子付梓成書。

作者寫作是想盡可能和許多人對話，如今，我也有這個榮幸和各位對話。各位在閱讀這本書時，可能會發現自己又哭又笑，全身泛起雞皮疙瘩，正如同我三十年前所經歷過的一樣。

我找到了自我，期望各位在閱讀的過程中，也能發掘更多的自我。

祝各位閱讀愉快，願神祝福你。

瑞博醫生

【編輯的話】

不一樣的獸醫，不一樣的非洲

初看這本書的簡介時，我以爲是類似知名的吉米・哈利的《大地之歌》系列，充滿著動物的有趣事件，間或點綴英國鄉村風景與小鎮居民故事，幽默溫馨，只是地點換成了非洲。

但等我進入內容，卻發現全然不是同一回事。

幽默有的，趣事有的，動物與人當然也有——畢竟作者是獸醫師，但看到最後，讓我印象深刻的，甚至眼眶發熱的，反而是作者與「人」的互動。

看著他爲了融入當地，學習馬拉威的語言與文化，努力交朋友（用啤酒），走出辦公室騎著摩托車巡迴義診，遭遇困難時的處理方式與態度……他做了很多非本職應做的事，也從不因己身的優勢而傲慢，他眞誠的付出大家皆感受到了，結果就是被深深信任，比如被邀請參加通常不讓外人參加的成年禮，結交到許多眞心好友，包括人們眼中不道德的酒吧女郎。

非洲是塊神祕大陸，在這裡什麼都可能發生，也通常會發生，所以巫醫、科學不可解事件只是他們的生活日常，不管信或不信，我想重點在於：敞開心胸，接受跟你不一樣的。是，敞開心胸，我想你會笑中帶淚，在這本書裡找到不一樣的非洲，找到智慧之言。

各界誠摯推薦——

在非洲行醫已經困難重重，何況是獸醫。這本書描寫的是作者參加和平志工當獸醫的苦哈哈兼玄妙日子，但卻讓我們有極大的閱讀樂趣。我們的快樂，完全建立在他的血汗之中啊！

——張東君，科普作家

治療人的醫療資源都缺乏的土地上，你要如何成為一名動物醫生？這是一本非洲大陸版本的哈利波特，只是魔杖與獨角獸，被貧窮與戰火所取代。誠摯推薦你，與瑞博醫師一起踏上這片黑暗大陸，從年輕的美國獸醫師，成為受人尊敬的「白人瘋子」。

——工作日誌 daily-logbook 粉絲團團長，動物醫院助理

幽默風趣同時發人深省……這本書帶出一個世界，有會變形的土狼靈魂、酒吧裡的飲酒作樂、貓頭鷹的預兆、乾燥高溫的天氣和當地人對咒術的信仰，成功改變了一個初次探索世界的年輕獸醫。

——瓦特．梅森（Walton Mason），旅遊作家

看看「白人瘋子」瑞博醫師如何在習於說「明天」和「對不起」來應對資源貧瘠之處創造出一段「怪異而美好」的旅程，讓他帶領我們一起融入當地習俗、跟隨靈性指引，學習接受並適應環境的諸多限制，並堅定起挑戰不公義常規的信念。因他堅持著每個人都能活出的眞與善，讓我們見證即使在自身文化脈絡難以理解的陌生之地，人都能爲彼此帶來更多美好。

——程敏淑，作家、《邊緣印度》作者

瑞博醫生親身經歷的故事就和非洲本身一樣光怪陸離卻又非常美好。這本書富含啓發性、娛樂性和教育性，非常值得一讀！

——喬（Dr. Joe），獸醫

作者在馬拉威服務，當地的人處在現代與傳統的接界之中，現代科技與西方文明已經進入生活當中，但是傳統的信仰與民族性依然佔有極重要的位置，這樣的新舊衝突加上當地不穩定的政治局勢，造成了非常神奇的生活狀態。

——台灣讀者 Dear Kim

超級好看！眞摯溫馨又感人。人性的良善是人之以有別其他物種的珍貴本質。

——台灣讀者 Sun

作者瑞博醫師用一整本書的內容、兩年的無私付出告訴我們，他不是去施捨的，他不是在做一份工作，他是在完成一件事情，而那件事情回頭完整了他自己。

——台灣讀者 Leeling

……透過這本書的內容跟著作者一起在進入非洲神祕的文化，探索我們不了解的非洲國家，一打開書本就會掉進書裡的世界，無法停下來，內容跟著又笑又感動，疑惑與驚奇，我真心推薦這本書。

——台灣讀者小麥妮

隨著這位獸醫到非洲遊歷了一次。即使放在現在的脈絡，還是可以理解非洲的風土民情。配合電影黑豹的黑人素材，巫醫的繪聲繪影，和黑人女性笑中帶淚的互動，是可以用一個下午讀完的小書，讓你窺見這塊和大陸的美麗和哀愁。

——台灣讀者安納

令人愛不釋手的一本書。本書深刻生動地描述了一名年輕獸醫隨著和平工作團來到馬拉威後所發生的種種趣事，闔上書後，仍能細細品味每個角色的人生，甚至想要深入認識馬拉威的傳統和人們。

——Amazon 讀者 E.Diamond

真的很棒！作者帶著我們領略非洲的神祕和習俗，打開我們的視界；這段冒險之旅牽動著我們的情感，讓心情隨之起伏。

——Amazon 讀者 Eric Jon

這真是一部傑作！不知再如何對這本書評價更高了！帶點奇幻的獸醫生活，激起我心中許久不曾有的悸動，是一本非常值得收藏的非典型獸醫自傳。

——Amazon 讀者 Lauren Schuster

讀者絕對能透過本書體會不同國家文化差異、人類意志的堅韌，並藉此提醒自己，只要一點點小善舉，就有機會改變其他人的生命！

——Amazon 讀者 Marn F.

感人肺腑的冒險故事。我非常喜歡閱讀瑞博醫師的故事，他文筆幽默，一則則短篇故事非常適合在公車上以及睡前閱讀。我不斷期待著繼續閱讀下一篇故事。強烈推薦給大家！

——Amazon 讀者 Tu22

目錄

PART 3

非洲教我的人生智慧與課題

PART 4

生離，死別，而我將回

PART 1
我來，我看，我被震撼

1 我已經等了你十六年

他笑容滿面地說：「我已經等了你很久，多可塔拉。」

「很抱歉，我在隔壁房間調製藥。你等多久了？」

「我已經等了你十六年。」

「不好意思，瑞博醫師，有個掛號的病人在等了。」傑夫．卑瓦說，他是我的得力助手。

掛號？有人掛號耶！我滿心雀躍。自來到這裡的那一刻起，我等這句話已經等了整整兩個星期。馬拉威這個地方燃料短缺，當然也沒有車輛。想像一下整個國家都沒有燃料，這裡就是非洲。

因爲只能靠兩條腿移動，我這個獸醫的作用就相當有限了。兩個星期下來，我唯一能磨練的技能就是喝酒。我每晚都會前往不同的村莊，要找到當地酒吧並不難，通常就是村裡最熱鬧的那間小屋。這裡沒有冰箱，你唯一的選擇，就是從兩百公升的大桶子裡舀出常溫、還冒著泡的自釀啤酒。喝酒可以讓一個人變得相當平易近人。

第一次登場的場景都一樣。想像一下黑白畫面的西部電影裡，一個陌生人騎馬進入小鎮，跳下馬，一手推開酒吧門，眼睛掃視人群，就見鋼琴師停止演奏，打牌的人抬起頭，眾人屏住氣息，視線一路跟著陌生人來到吧檯前，只見他大吼：「威士忌！連酒瓶一起……」同樣的，一個白人踉蹌走進敞開的大門，來到吧檯，溫文有禮且笑容滿面地要了啤酒。所有人像看到鬼一樣盯著他的每一步，沒人問：「沒在這附近看過你，你是打算住下來，或者只是經過？」酒保送上冒泡的啤酒，詢問我是否迷路了。「沒有，這裡就是我要來的地方。我請全屋子的人喝一杯，如何？」我回答。

當地的村落酒吧罕見陌生人，一個白人請所有人喝酒更是前所未聞。美國和平工作團可能不認同我這個志工的行銷策略，但我這兩個星期遇到的人，加起來比多數志工在兩年服務期裡遇到的還要多。

城裡來了名新獸醫的消息傳了出去，證據就是——有人掛號了！「好的，今天總算可以做些獸醫的事了。」我對傑夫說，一邊攪拌液體，一邊用小火煮沸。

「你在煮什麼？」傑夫聞了一下鍋子。

「硼葡萄糖酸鈣。一種液狀鈣劑，可以用來治療乳牛的產乳熱，不知道會不會有派上用場的一天，不過有備無患。」

我一邊攪拌溶劑，一邊看著傑夫翻動我桌上的文件。「是化學嗎？」

「比較像是廚房化學，先別太興奮，等成功了再說。大概還要五分鐘才會沸騰，先說說我們的客人吧。」

「有個男人帶了一窩生病的小狗上門。他年紀很大，從很遠的地方來的。沒有交通工具，眞不知道他是怎麼來的。小狗大約八週大，不吃東西——而且上吐下瀉。」傑夫解釋。

「最有趣的是，我聽過那個男人，但從沒見過他。他叫姆津巴，是聲名遠播的巫醫，在喬洛陡崖的某個地方有間醫院。傳說，有意找他的人永遠也找不到，只有需要他的人才找得到。很多人都跑到那裡尋求治療。」

「去量一下每隻狗的體溫，檢查眼睛四周的眼屎和眼結膜，就在這裡。」我拉下左下眼皮，指著眼睛四周的紅色薄膜。「看看是毫無血色，還是淡粉紅色，可以判斷牠們是不是貧血。麻煩你給我們的第一位客人一杯茶，告訴他我馬上就到。」

五分鐘後，我認爲鈣劑煮得夠久了，便前往診間。我一走進敞開的房門，便看到一名非洲老人手裡抱著一隻小狗，讓傑夫測量牠的體溫。赤裸的大腳、短小結實的身軀，一頭修剪整齊的頭髮，灰色髮絲均勻參雜其中，添以濃密的鬍鬚，和一身的襤褸衣衫形成強烈對比。他抬起頭，露出前所未見的燦爛笑容，而我不發一語，默默等待傑夫做完工作。傑夫從姆津巴大夫手中接過小狗，我伸出手，用馬拉威當地通用的齊切瓦語迎接他，他笑得更開了，兩手抓住我的右手——初識的人不會有這樣親暱的舉動。他握住我雙手的手腕，翻轉過來端詳我的掌心，我感到手一陣刺痛，轉身看著傑夫，挑眉，彷彿在問：「怎麼回事？」傑夫聳聳肩，似乎在說他也一頭霧水。

我來此服務之前上過和平團的跨文化課程，但我不記得有這種歡迎方式。姆津巴大夫打量完我的手後，直視我的眼睛。他用雙手托住我的臉，像爺爺奶奶捧著小孩子的臉想看個仔細一樣，當他凝視我的雙眼，我兩手的刺痛消退了，但臉頰卻像有電流通過一樣。

他笑容滿面地說：「我已經等你很久了，多可塔拉。」dokotala，醫生之意。

「很抱歉，我在隔壁房間調製 mankhwala（藥）。你等多久了？」我揉揉臉頰，酥麻感消失了。

「我已經等了你十六年。」他的眉頭高揚。

「十六年？」

「十六年前，當你決定要來的時候，我見到你了。當時你還只是個年輕小夥子，跟其他孩子一起上學。你的村子非常寒冷，寸草不生，白雪覆蓋大地。現在你來了，歡迎你。」他握住我的右手，熱情迎接我。酥麻感又來了。

「我得回村子裡了，等你治療好小狗，我再來接牠們回家。保重，多可塔拉。」語畢，他轉身離去。

「請留步，Abambo（父親）。」我追上去。「你怎麼知道這些事？」

「我看見的。」他理所當然地說。「我也預見了小狗的未來。好好照顧牠們，總有一天，牠們會救你一命。」他轉身走上小路。

我回到診間，傑夫問：「你十六年前就決定來馬拉威？」

「正確來說不是馬拉威。和平團的人是六個月前決定的，不是十六年前。」

「老天，回想一下，瑞博。十六年前發生過什麼事？」傑夫語氣激動。

我回想姆津巴大夫說的日子。我清楚記得那一天，記憶鮮明得彷彿昨天才發生。「十六年前，我才九歲，四年級，住在威斯康辛州的新理士滿，兩名在南美服務過的前和平團志工來我們的社會課演講。當時是冬天，大雪覆蓋萬物。上完課後，我下定決心，總有一天我也要成為和平團志工，而我將前往非洲。」我告訴傑夫。

我接著說：「多年過去，我從未忘記那天對自己做出的承諾。在獸醫院求學的最後一年，我認為是時候履行諾言。我向和平團提出前往非洲服務的申請，他們受理了，把我分發到馬拉威，馬拉威政府再派我來到喬洛。你覺得姆津巴大夫在十六年前真的看到了？」

「瑞博，這裡可是非洲啊！」

「老天，嚇死人了。」我全身一陣顫抖。

傑夫和我逐一檢查小狗，我趁機說明綜合身體檢查的步驟，解說檢查的結果。我把最後兩隻小狗交給傑夫，要他向我回報結果。傑夫學得很快，在徹底檢查過後，抓到了所有的重點。小病患的症狀是發燒、脫水、抑鬱、輕微貧血、嘔吐和腹瀉；處方是抗生素、退燒藥、消炎藥、止痛藥、止吐藥、驅蟲藥，以及輸液補充水分。

「要上哪去找這些藥？」傑夫問道。

「我自己有一小袋藥物，在得到馬拉威政府的官方協助之前，應該可以撐一下。每種藥都有，只缺補充液。」

「那怎麼辦？」

「自己做吧，你知道的，廚房化學。」

我把藥擺出來讓傑夫去治療每隻小狗，然後走到自己的桌子，計算製作等滲透壓補充液需要的材料，這花不了多少時間，我隨即回到診療室。

「情況如何了？」我問傑夫。

「這隻快好了，還剩三隻。」

「好極了，我要去市場一趟，買些製作補充液需要的材料，馬上回來。」

我回來後，傑夫和我替每隻小狗在頸靜脈裝上導管，根據我計算出來的輸液總量和速度，密集地每三十分鐘給予十毫升。傑夫把辦公室的打字員吉兒和文書人員湯姆都叫來幫忙。下班之後，我把小狗們帶回家整晚照顧，到了就寢時間，小傢伙的體內補足了水分，可以在睡眠中慢慢吸收。我躺在床上，小狗們就在我身旁的盒子裡。

小狗的模樣狼狽，最大的問題是嚴重的腹瀉，味道難聞得要死，得用稀釋過後的漂白水才洗得掉。沒多久，我的辦公室和住家聞起來都像游泳池。

日復一日，我們持續投藥，盡我們所能，但小狗的病情遲遲不見好轉。第三天早上醒來，我發現第三隻小狗在昨晚死了。我把牠埋在後院，跟前天死掉的兩隻小狗葬在一起。

僅存的三隻小狗瘦骨嶙峋、無精打采。我把牠們帶回辦公室，深怕我的頭號病患會就這樣沒了。先行抵達的吉兒、湯姆和傑夫滿心期待，在樓梯上等著聽我帶來好消息。

大家瞄了盒內一眼後大失所望，每一個人都對小狗產生了深厚的感情，但眼前的狀況相當棘手。

那天早上，第四隻小狗在吉兒的手中死了。她輕輕搖晃牠良久，那隻淡金色小狗是她最愛的一隻。她淚流滿面，低聲說著 Pepani（對不起），把牠交到我的手中後躲到隔壁房間。

第六個晚上，我安頓倖存的兩隻小狗，奄奄一息的模樣，令我擔心牠們的奮鬥已走到終點，我幾乎可以想像明早就得將牠們與其他兄弟姊妹合葬在一塊了。

微弱的呻吟聲吵醒了我，有東西在咬我的手指頭。小狗自己跳出盒子跑來舔我的手，看起來生氣勃勃，最重要的是，快樂。即使不是學醫的人也看得出牠們已經好多了，牠們戰勝病魔了。我來到辦公室，員工一看到我的笑臉，立刻知道我帶來了好消息。我把小小的倖存者放在地上給大家看，依然骨瘦如柴，但都在康復之中。我們立刻頻繁地少量餵食，牠們的食量很快就變大了，吃起東西狼吞虎嚥，沒多久就變得肥肥胖胖。

小狗如影隨形地跟著我，早上一起悠哉走路上班，晚上一起回家。牠們在我家東奔西跑，和我一起窩在床上。每天早上在我床邊輕聲嗚嗚，溫柔地咬醒我。

我開始懷疑姆津巴大夫會來接回牠們，但願不會。然而，在小狗康復的第十天，他出現了，看到兩隻活蹦亂跳且生龍活虎的小狗，他簡直欣喜若狂。

小狗已經好幾個星期沒見到姆津巴大夫，以牠們短暫的生命來說，算是很長一段時間，但牠們見到姆津巴大夫就像見到母親一樣。老人溫柔地抱著小狗，任由小狗又親又舔。看著他們歡喜的重逢，我卻感到有點傷心，我已經愛上這兩隻小毛球了。

姆津巴大夫向我致謝。我心知小狗能夠康復，功勞不在我一人，因此介紹吉兒、湯姆和傑夫給他認識，少了他們，我一個人是辦不到的。姆津巴大夫不愧是紳士，逐一慎重向每個人問候和致謝。離開前，他請我爲小狗取名。

「黑色那隻我叫牠笨笨，有斑點的那隻是跳跳，是我以前養的小狗的名字，牠們都是很棒的狗。」

「笨笨和跳跳，我喜歡。請常來看牠們，多可塔拉。小狗現在視你爲父母，牠們不會忘了你，總有一天，牠們會回報你的恩德。」

姆津巴人夫和我握手道別。我望著小狗跟在他後頭離去，他身上彷彿有一股神奇魔力，不用繩子或皮帶拴著，小狗自然乖乖跟著走，就像把他當成家人。

外面的世界對瘦弱的小狗來說過於廣大，牠們此生將嘗盡苦難，但願能夠克服並活下去。我舉手對著遠去的三個背影揮舞，沒想到小狗居然停下來轉頭看著我，我開心得彷彿站在世界頂端。

我是獸醫，世界上再也沒有比這個更好的工作了。

2

迎接新生命，是消滅低落情緒最好的方式

午夜時分，我才剛入睡就被敲門聲吵醒。

對獸醫來說，半夜來敲門永遠不會是好事。

果然，有一頭母牛難產一整天，牛主人怕牠撐不下去了。

姆津巴大夫和小狗們走了之後，我變得沮喪。這一天結束之後，我一邊喃喃著「多可塔拉，治療你自己吧」，一邊走向喬洛小酒吧。之前爲了治療姆津巴大夫生病的小狗，我們沒空上酒吧，如今笨笨和跳跳康復了，我們三人在下班回家途中又開始往酒吧跑了。

酒吧通常沒什麼人，大部分時間只有我一個客人。只要一聊起小狗就很容易變得熱絡，我也因此認識六名酒吧女郎，她們供酒給常客，價格談得妥的話，也提供性交易。女孩們閒著沒事，跟我很有得聊，問了很多關於我自己、我家人和美國的事，我也得以知道每個女孩的人生故事。熟稔之後，我甚至把她們當作好姊妹。

我會用 Moni（哈囉）打招呼，詢問她們的近況。「Muli bwanji（妳好嗎），露絲妹妹？Muli bwanji，南西妹妹？Nidikufuna mowa wokzizira。」我一進門就要了瓶冰啤

酒，在吧檯前坐下。

「Ndili bwino（我很好），多可塔拉。」兩人異口同聲。

「跳跳和笨笨呢？」南西問，露絲則給了我一瓶冰啤酒。

「姆津巴大夫下午來接走了。」我說。喝酒沒讓我心情變好，但至少慢慢平復了。六瓶酒下肚，腦袋開始昏沉，是時候回家了。

夜半時分，我半夢半醒，腦海響起〈I'll be home for Christmas〉這首歌。六瓶酒無法讓我提振精神，我又回到無所事事的生活，納悶自己存在的意義。我好想念跳跳和笨笨。

我這一生都有家人和朋友的陪伴，不知道我那在地球另一頭的四個兄弟姊妹和爸媽正在做什麼。我想起同在一九八四年從明尼蘇達大學畢業的七十六名同學，想必他們正在真實世界裡發揮所長吧！而我卻在這裡一籌莫展，儘管在馬拉威人口最密集的地區之一，我仍感到孤單。午夜時分，我才剛入睡就被敲門聲吵醒。對獸醫來說，半夜來敲門永遠不會是好事。我打開門廊燈，一個矮小的馬拉威男人正盯著我看，我示意請他進屋，他拒絕了。我走到門外，以齊切瓦語致意，他回敬我。他的穿著破爛，褲子經過無數次修補，難以辨認最初的顏色或布料；赤裸著一雙扁平大腳，滿是老繭的粗糙雙手，感覺得出是從事辛苦的農務工作。滿布風霜的臉龐，斑白的頭髮，推測年紀約在五十五歲以上。

寒暄之後，他用齊切瓦語劈里啪啦說個不停，我會說的齊切瓦語有限，被酒精影響的大腦也尚在昏沉，根本聽不懂他說的話。見我一臉困惑，他乾脆比手畫腳，在門廊上滾來滾去，抱著肚子呻吟。他著急地演了十分鐘，我還是一頭霧水，只能請他跟我前往辦公室，找到負責看守這個小領域的夜班警衛喬．庫桑巴。了解我尷尬的處境後，他親切地提供翻譯協助，我在一旁專注聆聽他們的對話，接著喬轉身說：「他的名字叫賈提斯．塔巴洛，他有一頭母牛，從今天早上難產到現在，他很害怕那頭牛會死掉。」

現在我知道塔巴洛為什麼在我家門廊上滾來滾去了。

「問他一下，從這裡到他住的村莊有多遠？」

喬詢問，我聽到「pafupi」這個字，意思是很近。我拿起一個老舊的皮背包，裝入我需要的東西，第一個放進去的是我帶來的產科設備和外科儀器，然後是一瓶過期的盤尼西林和兩瓶過期的局部麻醉藥、幾支注射器和針頭、縫線材料，最後再加上一瓶碘酒就完美了。

我隨著塔巴洛先生步入黑夜，途經五座村莊，走了近兩個小時，我不得不停下腳步，詢問還有多遠才能抵達他的村莊。

「Pafupi。」他繼續往前走，我舉步維艱地跟上他的腳步，心裡想著：如果這叫很近，那些住得遠的人就要我的命了。又過了一個小時，我領悟到一件事：在馬拉威這個小國家，每個地方都「很近」。

我們終於來到他的村莊和他的小農場。畜欄緊鄰著主屋，一頭瘤牛斜躺在中間。走了那麼久，我有很多時間可以思索書上寫過的小牛生產問題。檢查過後，發現是常見的難產，小牛困在母牛身體裡出不來，情況嚴重，幸好母牛還活著，看樣子我得剖腹接生了。

獸醫執行的手術中，就屬剖腹產最教人興奮滿足。就如目前狀況，只有母體無法自然產時，才會執行剖腹產。這會是我第一次在沒有助手的情況下動手術。我竭盡所能對塔巴洛先生解釋動手術的必要性，但我的齊切瓦語實在不怎麼好，還是用比畫的比較快，就像塔巴洛先生之前在我家門廊上的努力一樣。我示意要切開牛的側邊，拉出小牛，他瞪大了眼，然後點頭同意。我要了一些肥皂和水，準備就緒後，開始清洗小母牛的左側。我一邊祈禱藥效仍在，一邊替牠注射過期的局部麻醉藥，之後塗上碘酒，術前準備完成。沒有術前消毒、除毛、手套、手術衣、口罩和覆蓋巾，只有我和一支解剖刀。

我讓塔巴洛先生拿著我的手電筒，大膽地劃開母牛左側。鮮血流淌而出，牠卻幾乎動也不動，看來過期一年的局部麻醉藥生效了。我快速切開肌肉層，手伸入母牛腹腔，抓住小牛其中一隻後腳，連同一大坨子宮往外拉。我切開子宮壁，掏出兩隻後腿，交給塔巴洛先生，要他在我抓牢子宮時繼續拉。接連拉了三次之後，一隻新生命誕生在非洲的夜晚中，躺在地上蠕動、踢腳、喘氣。

塔巴洛猶在讚嘆新生的小牛，我則轉身照料母牛。牠的狀態良好，看起來輕鬆不少。我伸手去拿僅有的縫線材料——牙線，用碘酒泡過之後開始縫合。最後一步，則是施打一大劑過期的盤尼西林。

爲了注射抗生素，我把針頭扎進母牛後背，始終沒什麼動靜的母牛在這時掙扎著要起身。我設法在牠直立時完成任務，接著後退了幾步，騰出空間給牠，牠隨即走向小牛舔了起來。太好了！

回程就跟來時的路一樣，我隨著塔巴洛先生走進黑夜，半途曙光乍現，用當地的話叫「kwacha」，意謂著新的一天要開始了。回程的路走起來比較輕鬆也比較快，到家時天色大亮。塔巴洛先生握住我的手再三致謝，隨之道別離去，而後停留在庭院邊，最後一次對我揮手。

哇啊！先是跳跳和笨笨，接著是我單獨進行剖腹產，並得到了可能的最好結果。我整個人飄飄然地走路上班。

根本毋須思考聖誕節是否返家的事，這裡就是我的家。

3 明日復明日，這裡「明日」特別多

如果不是明天，那就是明天的明天，如果還不是，那就是再一個明天。
在這個國家，所有事都是mawa。

「喂，瑞博醫師？你聽得見我說話嗎？」

「可以是可以，但太小聲了，你可以再大聲一點嗎？」

「瑞博醫師，我是里郎威和平工作團的麥迪遜，我要通知你，你的摩托車三天內就會送到，到時你會在辦公室嗎？」里郎威是馬拉威首都。

這是個蠢問題。我既沒有交通工具，這一帶的加油站沒有汽油，巴士自然無法上路，想搭便車，路上沒轎車也沒卜車，我只想大叫：「我當然在辦公室，不然還能去哪裡？」但我沒有，而是語氣愉快地說：「眞是好消息，麥迪遜。是的，我會在。里郎威有汽油嗎？」

「有啊，我們這裡的加油站昨天已經補充完畢，還會送更多過來。你們那邊的加油站很快也會送到。」

「太棒了！萬歲！」我對著話筒吶喊。我總算逮到機會可以到處繞繞打發時間。

「謝啦，麥迪遜。」

我掛斷電話，興奮之情難以言喻。一個月來，我唯一能坐的只有辦公室的椅子。救星快到了，我簡直像個再三天就過生日的孩子。交通工具耶！我終於有交通工具了！

接下來幾天，喬洛縣的人口倍增。巴士可以載客，瞬間人聲鼎沸，我看到滿載人與貨品的卡車在市場卸貨。好消息是，傑夫辦公室外的長椅上有人來求醫，工作上門了。使用有限又大部分過期的藥品來治療是一大挑戰，不過這很快就不是問題，針對汽油、藥品和醫療設備的政府採購單下來了，我們立馬申請完畢，距離摩托車送達只剩兩天，人生看似一片光明。

每天早上，越來越多人上門掛號，有了新藥品庫存和醫療設備，生活變得簡單，治療也更有效。傑夫的摩托車有了汽油之後，下午都會去協助小農。

摩托車預定送達的那一天，感覺就像聖誕節。只不過，我從早上等到下午，都快休診了，我唯一收到的只有滿腹失望。員工都下班回家了，我一直等到十點才死心。我走出辦公室大門，喬正全神貫注坐在前廊的椅子上，我來到他身邊。「晚安，喬。你自己一個人小心，祝你有個平靜的夜晚。我要回家了。」

「晚安，多可塔拉。我相信你的摩托車明天就會到了，畢竟這裡是非洲嘛。」

那還用說！在走了快五分鐘後，我聽到一陣微弱的聲音，於是停下腳步豎耳傾聽。難道是……？我靜靜聆聽，隱約聽到逐漸變大的轟隆車聲。會是大柴油引擎的聲音嗎？我折返回到辦公室，看到一台大卡車的車頭燈逼近而來，繞了一圈停在我的辦公室前面。我站在門廊上，一眼就能看見車上的貨物——好耶，是我的摩托車！兩個男人跳下卡車。「抱歉，我們來晚了。」其中一人說。「輪胎破了，又沒有備胎。」

「沒想到你還在。」另一個人說，遞給我一個資料板。「在X旁簽個名，我們會把摩托車搬下來。看來是全新的車喔。」

我在一旁看著兩人搭起臨時斜板，把摩托車牽下來。是一台一百CC二行程的越野摩托車，漂亮極了，還是我最愛的亮紅色。

「Tsalani bwino（保重）。我們先走囉。」第一個人說。

「Pitani bwino。」我請他們路上小心。「在你們離開前，我還有個小問題：鑰匙呢？鑰匙在哪裡？」

「鑰匙？什麼鑰匙？」他問。

「摩托車鑰匙啊，在哪裡？」

「什麼摩托車鑰匙？」他一臉茫然。

「用來插入這裡的鑰匙。」我指著開關。「有鑰匙才能發動摩托車啊！」

「不是踩這玩意就可以發動嗎？」第二個人指著啓動踏板說。

「是沒錯，但如果沒有鑰匙打開點火開關，腳踩也沒用。一定要有鑰匙。」我沮喪地說。

「哦，抱歉啦。」第二個人說。

「沒人給我們鑰匙，我們只是直接把摩托車推上卡車。Pepani（對不起）。」第一個人說。

兩人開車揚長而去，我盯著嶄新漂亮卻不能發動的越野摩托車，內心感到沉甸甸。等和平工作團在里郎威的辦公室寄備鑰來，至少要好幾個星期。該死！有夠該死！

「我不小心聽到了，你的新摩托車沒有鑰匙。」喬遠遠地說。

「沒錯。」

「來吧，我幫你把車推進辦公室，這樣比較安全。」我們推著車子時，喬說：

「Mawa，多可塔拉。」

「喬，明天怎麼了嗎？」

「Mawa會是新的一天。mawa，就能解決遺失的鑰匙問題。如果不是mawa，那就會是另一個mawa，再不是，還是會有mawa。」他的沉著冷靜將我的怒氣和沮喪一掃而光。

原本今晚應該是氣派地騎車回家，現在只能走路了。喬說得對，想想我的辦公室要面對的問題，馬拉威政府要面對的問題，還有非洲要面對的問題，就知道非洲是個充滿耐心、擅長等待的大陸。我也可以學會等待。明天就明天吧，反正也別無選擇。

隔天早上，我走進辦公室，發現大家包圍著摩托車嘖嘖稱奇。「大家早。」我說。大家被我小小嚇了一跳，臉上的表情活像該做功課卻被逮到在發呆的小孩。「繼續，好好看吧，想要試騎一下也可以。」

吉兒放了杯熱茶在我桌上。我坐下來，喝著茶觀賞大家輪流試騎摩托車，傑夫是最後一個嘗試的人。

「這輛車好棒，有很好的避震器。你騎出去一定很拉風。」他說。

「總有一天吧，但不是今天。送車來的人把車鑰匙留在里郎威了，但願和平工作團的人有備鑰可以寄來給我——如果我夠好運，電話能接通，可以聯絡到和平工作團的辦公室，而且他們有備鑰，還會馬上寄給我，又能不寄丟的話，說不定我還有機會騎它。」我把頭抵在桌上說。

「喬昨晚怎麼說？」傑夫說。

「他說 mawa。」我對著桌子說。「如果不是明天，那就明天的明天，如果還不是，那就是再一個明天。在這個國家，所有事都是 mawa。」我抬起頭。「Mawa 和 pepani。」明天和對不起。

「朋友，今天就是 mawa。接好！」傑夫說。

我及時接住他丟來的銀色小包裹，低頭緩緩打開，裡面是一把小鑰匙。「這是什麼？」我問道。

「新車鑰匙啊。」我的一臉震驚惹得他大笑。「喬要我交給你。」

我走向車子，輕輕鬆鬆插入鑰匙，往右一轉，啟動燈亮了。我簡直不敢相信自己的眼睛。我拔出鑰匙，重新插入轉動，就只為了看燈再次亮起。

「喬怎麼會有鑰匙？」我興奮地問。

「他昨晚做出來的。」

「他做的？」

傑夫解釋，喬白天是機車維修師，昨晚我離開之後，他火速回家拿了幾副備鑰和銼刀，花了一整晚，打造出一副合適的鑰匙。我確認油量，發現可以出去繞個一圈。我戴上安全帽，坐穩之後腳踩三次，車子發動了，我催了幾下油門，辦公室立即煙霧瀰漫。傑夫對我豎起大拇指，我俯身加速，放開離合器，車子飛越辦公室台階、安全落地，疾駛而去。

當天晚上，所有人都下班了，我留下來等喬。六點整，他來了，吹著口哨、哼著歌，一如往常地輕快。

我在門口迎接他。「喬，Muli bwanji（你好嗎）？」

「Ndili bwino（我很好），多可塔拉。你呢？」

「幸福得不了。因爲你昨晚做的好事，我今天才能騎我的新車去兜風，這都要感謝你。Zikomo、Zikomo（謝謝）。」

「不客氣，多可塔拉。打造一副新鑰匙不是什麼難事。」

「也許吧，但對我意義重大。」

「比起你對我家人的好，這一點小事不算什麼。」

「什麼意思，喬？」我一點也不記得做過什麼特別的事。

「某個晚上，有個男人因爲家裡母牛難產上門叫醒你，因爲你不太會說齊切瓦語，你們兩個來辦公室找我翻譯，記得嗎？」

「當然，永生難忘。」

「那個男人的太太是我親戚，但我不想要特別待遇。你在這裡住了那麼久，也知道我們這裡的 mawa 只是更艱辛的另一天；在馬拉威，我們都習慣了。如果你要那個男人明天再來，他會直接離開，接受母牛和未出生小牛死亡的事實，可是你沒有。我在這裡工作很久了，我從沒見過有獸醫走出去，但你不同。爲你的車打副鑰匙是表達我的謝意。」

「別擔心什麼特別待遇，有我幫得上忙的地方，不管是你還是你的家人，儘管讓我知道，chabwino（好嗎）？」

「我會的，多可塔拉。」

「晚安，喬，保重。」我拿起安全帽和背包。

「路上小心，多可塔拉，好好享受吧。」

我一路騎回家，那正是我要學習的，享受當下。

4 受人尊敬的「白人瘋子」

沒有一個人試著學習我們的語言，也從沒踏進酒吧。
他們根本不想跟我們來往。
我們這裡從沒來過 azungu（白人）瘋子。

傑夫和我忙碌一整個早上，我目送第十六個人和他們的狗消失在ＢＯＭＡ（英國海外軍政總署）的人群後。「看樣子，那是我們今天早上最後一個病患了。」

「瑞博，還有一個掛號哩！」傑夫說。我跟著他來到他的辦公室，靠牆長椅上坐著喬洛酒吧的六名女郎：貝兒、莎拉、蘿絲、蘇西、南西和露絲。

「早安，姊妹們，在這美好的一天，有什麼我可以爲各位美女服務的地方嗎？」

「我們的狗病了。」貝兒說。

「病得很重。」莎拉接著說。

「我們需要 mankhwala（藥）。」蘿絲高聲說。

「我都不知道妳們有養狗。我建議先檢查一下小狗的病因，再來對症下藥。」我說。

她們面面相覷，南西說：「牠……呃……病得太嚴重，沒辦法帶來這裡。只要給我們 mankhwala 就好了。」

「這不是問題。我先去拿我的東西，再一起去看妳們的狗。」

「可能沒辦法耶，多可塔拉，因為……呃……牠在很遠很遠的地方。」蘇西說。

「是嗎？我先弄清楚一下，妳們有一隻病得很重的狗，牠在很遠的地方，要我開 mankhwala 給妳們帶回去治療牠，是這樣嗎？」

「是的。」大家異口同聲，不約而同地點點頭，只有露絲默默坐在長椅盡頭。露絲是當中的大姊頭，比起另外五個人，我跟她有著更深的交情。露絲個性孤僻，我有種感覺，在她內心深處隱藏著不為人知的悲傷；此時此刻，她看起來不甚自在。有什麼事情不太對勁，而她不想參與其中。

「小狗叫什麼名字？」我問道。

「名字？」貝兒回問。

「是啊，不然妳們怎麼叫牠？」

大家再次交換眼神，莎拉神色一亮，說：「Galu，我們都叫牠 Galu。」除了露絲，其他人全點頭附和。

「Galu，把狗取名叫『狗』還真有趣。露絲，老實說，妳們來找我的目的是什麼？」

她看著我的眼睛，隨即移開目光，撇過頭難過地說：「需要 mankhwala 的人是我們。」她的頭點向地區醫院的方向。「那邊沒有。」

「什麼樣的 mankhwala？」我問。

「盤尼西林，我們需要盤尼西林。醫院說他們沒有，要我們五個星期後再回去，而你這裡似乎不缺給狗狗的藥。Pepani（對不起），我們現在就走。」語畢，露絲起身示意其他人跟著她走。

「等等，請妳們全都坐下。誰需要盤尼西林？」她們一個個緩緩抬眼看我。「全部？好吧，我會給妳們盤尼西林，但妳們得先去醫院，把這張紙條給他們。」我邊說邊寫。「我需要知道用量、間隔和時間長短，得到答案後再回來。Chabwino（好嗎）？」

「意思是，你會幫我們？」露絲問。

「當然，我們的盤尼西林是人類食用等級，沒問題。」

五人有說有笑，腳步輕快地走出傑夫的辦公室，甚至互相擊掌叫好。我目送她們離去，傑夫說：「她們可能付不出錢喔。」

「盤尼西林對一個和平工作團的志工來說沒那麼貴，我會去確定馬拉威政府收到該收到的藥。」

「她們不是第一次來辦公室拿 mankhwala 了。其他獸醫師都說幫不上忙，要她們到醫院去。」

我默不作聲。傑夫坐在桌前，我在他對面的長椅上舒服地落座，兩人一起等待女郎們回來。

他接著說：「你應該知道，她們往後會一直來這裡拿藥，相關費用都得由你一個人來承擔吧？」

「我當然知道。」

「知道你還這麼做？」他搖搖頭。

「傑夫，當我看著那些女生，我只看到悲傷和寂寞。拜託，有多少年輕女生長大想當妓女？當然是想當老師、護士、妻子和母親，只是她們別無選擇。

「她們無家可歸，也沒有自己的孩子，自然也不會有女人邀請她們一起坐在火邊聊天。沒有一個人可以活到老，愛滋病會結束她們年輕的生命，無法得到善終。只是一點小小的善意，就可以讓她們活得輕鬆點，連這點都做不到，我不就是個混蛋了？明明是舉手之勞，一天花不到一夸加①，這點錢頂多就是在酒吧裡喝兩杯酒，我怎麼說得出『幫不上忙』這種話？問題不在於我爲何願意幫忙，而是在我之前的人爲何拒絕。這是很理所當然的事吧？還是你覺得我是個 mzungu（白人）瘋子？」

傑夫默不作聲聆聽我的長篇大論，他雙手緊扣枕在頭後，搖晃著椅子，最後才說：「我懂了。我確實認爲你是個 mzungu 瘋子，不過瘋得好。老實說，大家都開始叫你 azungu 瘋子。」他笑容滿面。「我挺同意的。」

Azungu 也是「白人」的意思，是 mzungu 的複數，其中也包含尊敬意味。「我喜

---

①夸加（Kwacha），馬拉威幣。夸加：美金＝一：〇．一一

歡。讓你知道一下，我還得靠你來幫我完成這個任務。我不打算把藥一次給出去，按照療程一次給一點，確保她們有接受完整治療。不過我不會隨時都在，我不在時，就需要你來給藥，確定她們都有拿到。」我說。

「交給我吧。」他說。

「謝啦，老兄。」說著，我從椅子起身。

我正要走出門時，傑夫說：「最後一件事，我要回答你的問題。之前的獸醫師之所以拒絕幫忙，是因爲他們不願去看。沒有一個人試著學習我們的語言，也從沒踏進酒吧，他們根本不想跟我們來往。我們這裡從沒來過 azungu 瘋子。」

5 三碗菜的啟示

我是來自平凡家庭的平凡人，過著不富裕的普通生活，但他們不用多說一句話，就讓我明白自己何其幸運且富有。

「這邊綁起來時記得使用方結。」我對傑夫說。爲了精進他的手術技術，我把進行中的母狗結紮工作交給他。「萬一縫線鬆掉，麻煩就大了。」

「懂了。」他的第一針漂亮地繞了四個方結的圈。

「幹得好！」傑夫縫起第二針時，我說：「我一直想去喬洛陡崖走一趟。笨笨和跳跳該重打狂犬病疫苗了，而且自遇到媼津巴大夫之後，我一直很好奇他住在什麼地方。你覺得呢？」

「那會是很遠也很辛苦的旅程。你要怎麼找到他？」

「我打算先到那裡，遇到第一條荒野小徑就往左走，然後到處問人。一路上說不定還可以順便行醫。」

「那裡很偏僻，陡壁一路通往希雷河谷。路途艱辛難行，一不小心就會被困住。」

「我已經考慮過了。」

「聽起來你已經下定決心了，打算什麼時候出發？」

「後天。」

「祝你好運，我會遵照吩咐，在你離開時堅守崗位。」

就這樣，距離天亮還有一個小時，我騎著滿載補給品的摩托車，往未知的旅途出發了。這一區就這麼一條一線道馬路，騎了二十分鐘之後，就全都是泥土路和荒野小徑。

現在是十一月，雨水遲遲未到，乾旱讓我一路騎來格外輕鬆。四個小時後，我來到陡崖了。

我按照計畫騎入第一條荒野小徑，到處找人。二十分鐘後，進入一座小村莊。我將車子熄火，脫掉安全帽，包圍我的人一哄而散，跑去躲起來。「Moni（哈囉）。」我大喊，土屋窗後是一張張盯著我的臉，但沒人想靠近我。「Moni，muli bwanji（嗨，你們好）。」我下了車，極盡可能開朗地叫喚。一名五十多歲的中年男子小心翼翼地接近，我伸手迎接他，他則保持距離，一臉像是撞見外星人的表情。我介紹自己是喬洛縣當地的獸醫師，任何村落只要有需要治療的動物都可以找我。我反覆重申來意，得到的是一片靜默。

我只好問：「你們以前有看過 azungu（白人）嗎？」

「你是第一個。」他回答。

「有什麼感覺？」

「我以為會更高。」

「眞抱歉啊。還有呢？」

「白人眞的會吃非洲小孩嗎？」

「什麼？」我目瞪口呆，沒想到還有這種問題。「我們不吃小孩，跟你們一樣，我們吃nyama（肉）、nsomba（魚）、mpunga（米）和chimanga（玉米），喜歡喝mowa（啤酒）。」我還以爲mowa至少可以搏君一笑，但那男人面無表情。看來除了嚇人，一點進展也沒有，我乾脆開門見山。「我來找姆津巴大夫，你知道他住在哪裡嗎？」

「他應該住在那邊。」他手指南邊。

「保重，我一個月內會回來。」

我發動車子往南駛去。四十分鐘後，我騎入另一個村莊，熄火，取下安全帽，暗忖這裡的人會怎樣歡迎我。「Moni，嗨。」我下車喊著。「我是瑞博醫師，喬洛縣的獸醫。」一個年屆八十的老翁跑向我，彷彿看到久別歸來的兒子般一把抱住我，當他放開我時已淚流滿面。馬拉威多得是精神不正常的人，不受拘束地四處遊蕩，我猜想這位也是其中之一。

其他人迅速圍了過來，給予我同樣熱情的歡迎；跟上個村子天差地別的待遇，讓我一時錯覺自己穿越了黑洞，來到另一個平行時空。

「你不怕我嗎？」我問第一個來歡迎我的人。

「我爲什麼要怕你？」

「沿著這條路過去有個村了。」我指著來時的方向。「我剛經過那裡，他們還以爲我要吃掉他們的孩子，一點也不想理我。」

「那都是謠言和迷信，別管他們。我會派一名村人去跟他們說，我的村子永遠歡迎你。」

「謝謝你的邀約。我很好奇，有多少白人曾經過這裡？」

「一個也沒有。會經過這裡的陌生人，多半都是偷牛賊，要從希雷河谷下游偷運牛隻到布蘭岱和林貝的市集去。你遠從喬洛來到我的村子，有什麼事嗎？」

「我在找姆津巴大夫。你知道他住在哪裡嗎？」

「我知道，他人很好，又是個厲害的大夫。沿著這條路往西走，就可以找到他。」

「Zikomo（謝謝）。既然都來了，有什麼我幫得上忙的嗎？有生病的動物嗎？」

四個小時後，我替最後一名病患縫上最後一針。那是隻長年子宮積膿的狗，身體瘦弱不堪，手術環境又克難，我很擔心牠會死在手術過程中，但牠很有韌性地撐過來了。等我收拾好準備離開時，夕陽餘暉已灑落大地。

「你打算在哪裡過夜，多可塔拉？」迎接我的男人問。

「就繼續騎到天黑，然後就地紮營。」

「你騎不了多久，馬上就天黑了，不好騎也很危險。今晚就留在我們村子吧，我有一間客用小屋，你可以隨意使用。」

「Zikomo，那我就不客氣了。」

不久，太陽西沉，星光與營火是僅存的光源。主人邀請我和他們一家共進晚餐，我們十五個人在圍坐在戶外的營火旁。

營火旁有一鍋用白玉米粉熬煮成的濃稠玉米糕，是這個國家的主食，齊切瓦語叫「nsima」。另外還有一個非常小的鍋子，裝著用來搭配 nsima 的燉菜，份量只夠這裡一半的人吃。喬洛陡崖是塊陡峭之地，求生艱辛，只能勉強餬口，主人家那一張張臉孔就是最好的證明。這裡的村民絕不會有過胖的問題。

身為客人，我是第一個拿取食物的。儘管飢腸轆轆，我也只舀取不至於羞辱任何人的一小份，然後把鍋子傳下去。接著傳過來的是茶杯，從茶的色澤來看，茶葉肯定反覆沖泡了很多次，喝起來的味道也證實了我的懷疑：就跟一杯熱開水沒兩樣。

等所有人吃完，我請大家留在原地，自己離開了一會兒，再兩手各拿著一罐鳳梨罐頭回來。我用瑞士刀打開，把罐頭傳遞下去，鼓勵大家嚐一口。從眾人茫然的表情看來，這是他們第一次看到或是嚐到鳳梨，搞不好還是第一次看到裝在罐子裡的食物。

「吃啊。」我放了一片到嘴裡。「嗯，好吃。」大家紛紛好奇地跟著嘗試，露出的喜悅之情讓猶豫不決的人也跟進吃了一塊；很快地，所有人就眉開眼笑了。罐頭又傳了一圈，大家輪流喝了一口果汁，美好地結束了這一晚。

我移動到客用小屋，厚木板上簡單鋪墊的幾張草蓆就是我今晚要睡的高架床。我把睡袋鋪在草蓆上，點燃蚊香，準備就寢，但躺得不甚安穩，要入睡更加困難。夜色深沉，體內的疲累一湧而上，我終於抵擋不住睡意，沉沉睡去。

隔大，我一起床就迎接今天的第一道曙光，也就是齊切瓦語中的 kwacha。我很快地收拾完畢準備離開，招待我的主人出來送行。我和他握手致謝，承諾一個月內會再回來，並給了他一盒茶葉作爲臨別禮物，他滿心感激地收下禮物，態度令人動容。誰會想到，罐頭食物和一盒茶葉會帶來如此大的喜悅？

第二天是一路騎個不停，爲了找姆津巴大夫，我來到第四座村子。雖然不像第一座村子一樣對我戒愼恐懼，但跟第二座村子的熱情招待相比也是天差地遠。回想起來，看到一個白人騎著摩托車來到如此偏僻的地方，大家因爲不知所措，才會這麼震驚吧！不管是哪一座村子，小狗、山羊和牛的情況都糟透了，我得盡我所能，只不過要贏得村民的信任還得花點時間就是。

我在陡崖繞來繞去，正午時分，我來到第五座村子。我把車子停在第一間小屋前，心臟差點跳了出來——坐在門廊上的正是姆津巴大夫，跳跳和笨笨乖巧地分別坐在他左右。我終於找到他們了。

一人兩狗全跳起來迎接我。久違了六個星期，姆津巴大夫一點也沒有變，仍舊精力旺盛，和他一握手，我的手立刻傳來一陣刺痛。小狗長大了三倍，鬆軟的絨毛變成粗糙的皮毛，活力充沛，精實強壯，一點贅肉也沒有。我朝牠們單膝跪下，兩隻狗立刻撲上來舔我的臉。

整個下午，我跟著姆津巴大夫參觀他的醫院，他向我介紹了許多動物。直到太陽開始西沉，我詢問：「這裡離大馬路有多遠？」

「往南走只要十分鐘。兩天前，我們就聽到你的摩托車經過，我還在想你要多久才會找到我們。」

「也就是說，我東轉西繞了兩天，你卻一直在大馬路附近而已？」

「Ndithu（沒錯），不過，你這兩天的時間也沒白花，接觸到需要你幫助的人。來吧，該吃飯了。」

我隨著他回到主屋，在這個唯一的空間裡，有張草蓆鋪在正中央。我洗手擦臉後，姆津巴大夫讓我坐到草蓆上，自己坐到我對面，笨笨和跳跳分坐在他兩側，一名隨侍端上一碗 nsima 和一鍋佐料，擺在我們之間。

「你是客人，由你開動。」他說。

「我明白，但你是主人又是長輩，Abambo（父親），你先用，不然就顯得我失禮了。請用。」

「你是從哪學會我們的語言？」姆津巴大夫用兩根手指抓取碗裡的玉米糊糕，再浸入燉菜裡。

「我跟著和平工作團的二十名志工來到這裡時，去了一趟里郎威的邦達農業學院。學生正好都放假去了，我們就住在宿舍裡，接受八個星期的語言和文化交流訓練。」

「訓練中最有趣的部分是什麼，多可塔拉？」

「快結訓時，每個人被分配到不同村子住一個星期，那是我永生難忘的經驗。我們得以實際運用基本的語言能力，親身了解這裡百分之九十的人是如何生活，真的使我大開眼界。」

「說說你的村莊住宿體驗。」姆津巴大夫說。

「我被安排跟村長庫奇拉長老一起住，他上了年紀，大約六、七十歲，牙齒稀少，身體健康。我住在一間客用小屋，隔壁就是村長三房的屋子。這是一間用茅草覆頂的土屋，只有一個空間。我們用一杯茶開始一天，村裡的婦女則開始打掃院子裡的沙土，接著，我們去田裡工作，或是參觀他管理的部分村子。」

「有沒有更難忘的經驗呢？」

我立刻想起草蓆上的孩子。某天晚上，在使用雙手和鋤頭耕作了一整天後，我回到客用小屋，晚餐已經準備就緒等著我了。有一大碗玉米糕，第二個碗裡是甜馬鈴薯和番茄佐料，第三個碗則裝了一隻雞。我餓壞了，吃掉五大塊玉米糕、一半的佐料和整隻雞。我急急走到吉芙的小屋大喊：「Moni、Moni！」吉芙從角落走出來，我用有限的字彙盡可能表達謝意，告訴她食物很美味，她加倍回謝我，在握手道別後，我趁著夕陽尚未西下前往屋後的小山坡探險。

我很快就來到山頂，飽覽四周景致。零星的小樹林彷彿是一大片紅土之海中的小島，錯綜複雜的小路連結著一座座土屋村落，宛如一張巨大的神經系統圖，偶爾閃耀的綠色光芒是dambo——也就是淺湖濕地，擁有維持生命所需的水。

在太陽幾乎西沉之際，我經過吉芙的屋後，發現她和五個瘦小的孩子正坐在草蓆上，草蓆中央擺著我先前用餐的三個碗。孩子們正在吃殘餘的玉米糕、吸吮著雞骨頭，裝有佐料的碗空空如也——沒有其他食物了。很明顯，我的剩菜就是他們的一餐，我彷佛被一隻公羊迎頭撞上，對自己居然吃掉一群飢餓孩子的食物很是羞愧。

我沉默片刻，凝視著自己的杯底，猶豫著是否該說出這個故事，或乾脆選擇其他故事。姆津巴大夫笑望著我，溫柔地道：「說吧，把你不想告訴我的那個故事說出來。」

我震驚地看著他。他怎麼知道？我沉澱思緒，把草蓆上的孩子告訴了他。我人生裡的一切，包括我的家人、我的家、衣服、父母端上桌的食物、我接受的教育等等，在看到那些小孩之後，突然顯得不再那麼理所當然。我是來自平凡家庭的平凡人，過著不富裕的普通生活，而他們不用多說一句話，就讓我明白自己是何其幸運且富有的人。

「在那之後的餐點，你吃了多少？」姆津巴大夫問道。

「我們有學到，多少都得吃一點，不然主人會感覺受到侮辱。」

「那確實是我們的傳統。」

「自那晚之後，我會只吃一點，但又不至於侮辱到任何人。」

「斧頭會遺人遺忘，卻在樹上留下永遠的痕跡。我認為你在留宿村落期間學習到相當多的事情，你發現的自我，也許還不亞於在這裡習得的傳統文化。」

「遠超出我的預期。」我附和。

「晚安，多可塔拉。任何人都能學習到身外之事，但只有少數人能了解自己。要做到這點，必須審視內心，而絕大多數的人都不願意，因為害怕面對眞相。那些孩子現在是你的一部分了。好好休息吧，還有更多挑戰等著你。」

現在回想起來，這個神奇又好心的姆津巴大夫說得眞是一點也沒錯。

6 紙的儲藏與運用，驚險程度有如躲子彈

在馬拉威，紙張是昂貴品，而我們的辦公室坐擁一座對我們來說無用，但學生可以拿來練字、算數學的寶山。

但我們無法做任何處置，因為，它們是政府的財產。

炎熱、乾燥和塵土飛揚，這就是馬拉威從五月到十月的天氣。就像大部分的非洲南部國家，馬拉威只有兩種季節：乾燥和潮濕。雨季通常從十月開始，但都快十一月底了，第一場雨卻遲遲未下。全國民眾每天都引頸期盼老天來場及時雨，每晚懷抱著不安入睡。南馬拉威的人口稠密，一點程度的乾旱就會引起饑荒。

我來此服務近三個月，跟當地許多農夫建立了熱絡的工作關係，每次去拜訪他們，我都看得出他們強顏歡笑的表情下隱藏的不安，人人都在擔心今年會不會連一滴雨也沒有；乾旱無雨的日子一天天過去，壓迫在他們心中的恐懼也隨之加深。所有人能做的只有祈禱，我也跟著一起祈禱。

回到辦公室，我們也有自己的小危機：我們的儲藏室已經擠不進任何東西了。五十立方公尺的空間被塞滿塞爆，吉兒有次開門要把月報扔進去，差點被堆積如山的文件給

砸死，幸好傑夫就在附近，趕緊把她挖出來，萬幸只是受點驚嚇，人毫髮無傷。

傑夫評估情況後當機立斷，這些塌下來的東西是再也塞不回去了。他把我叫過去，將問題丟給我，而對我這個貧窮又天眞的人來說，解決方法只有一個。

「傑夫，我們堆了太多垃圾，得丟掉一些才行。」

「我也想啊，問題是這不是我們的垃圾，是馬拉威政府的財產。沒有授權，不能擅自處理。」

「我懂了。」我掃視這些殖民時期留下來的文件。那時，這個國家叫尼亞薩蘭，一九六四年獨立後才改名爲馬拉威。字都褪色了，筆跡也難以辨認，完全沒有用處。

「你以前試過嗎？」我問。

「試過很多次，全都被駁回了。」傑夫回答。

我思索可行方案。在馬拉威，任何東西都要物盡其用，紙張和厚紙板被用來生火，瓶子拿來裝水，罐頭可以重複使用，舊輪胎就做成涼鞋。這個國家基本上沒有玩具，創意出眾的人會使用鐵絲、罐子、木頭和橡膠來製作玩具車、卡車、拖車和動物。紙張是昂貴品，而我們坐擁一座學生可以拿來練字、算數學的寶山。就我所知，傑夫有七個就學的孩子。「你的孩子可以用這些紙來寫作業吧？」

「Ndithu（沒錯）。」他不假思索地說。

「我等一下在瑪塔帕塔擠乳棚還有工作，兩、三個小時後回來。我不在時，你把所有還可以讀的文件放回儲藏室，其他的文件就堆在那裡。」我指著自己辦公室的外牆。

如果有幸下雨的話，還有屋簷可以遮雨。「拿些給你的孩子，想拿多少就拿多少，也順便告訴其他同事。另外再通知一下喬，他少說有十二個孩子吧，一定也想拿些紙張給孩子。等我們自己人拿得差不多了，就傳個話給其他辦公室，Chabwino（好嗎）？」

「我會在你回來前整理好的。」他說。

工作比我預期花了更久的時間，等我回來時，我發現儲藏室多了一些空間。

「其他文件跑哪去了？」我問傑夫。

「沒有啦，我們的人拿了一些後，我們就讓其他人也來拿，消息傳了出去，然後就……沒了。」

我頗為得意，決定晚餐後去酒吧喝一杯。主要的常客都聚集在那裡，而且似乎都知道我清理儲藏室的方法，跟我有說有笑。這時，身穿制服的警察局長大約翰．菲力走了進來，全場一片靜默。

「多可塔拉。」他叫喚。

「晚安，菲力局長，有什麼事嗎？」

「多可塔拉，我注意到一件事，馬拉威政府託你保管的珍貴文件遺失了，這是事實嗎？」他表情嚴峻，聲音冷淡，像名准將般將背脊挺直。

我上下打量他，想確定他是否在開玩笑，但他不為所動。「我……呃……你剛說什麼，約翰局長？」我脫口道。

他重申來意，我的心為之一沉。我被逮捕了，該死。我得趕快想個辦法，但腦袋就是轉不過來。我喝完酒，把空瓶放在吧檯，南西立刻拿了另一瓶給我，我遞給約翰局長，示意再來一瓶。

「乾杯。」我輕碰他的酒瓶，大喝一口。他文風不動，一手拿著啤酒，滴酒未沾。「局長，回答你的問題。就我所知，所有珍貴的政府文件……的確有受到妥善保管。」我忐忑不安，感覺頭頂都冒汗了。我一口喝完剩下的啤酒，空酒瓶還沒碰到吧檯，南西就送上另一瓶。

大約翰目光冷冽，酒吧鴉雀無聲，我是全場目光焦點。「多可塔拉，你確定？」

「確定？是啊，我很確定，百分之百確定。」我的心撲通狂跳，雙手顫抖。看樣子情況不妙，我說不定得坐牢，甚至被驅逐出境，害自己及和平工作團的計畫蒙羞。現在我一點都不覺得自己很聰明了。我該怎麼告訴我的主管、我的父母？全只因爲一疊紙，該死！太不公平了。

大塊頭突然爆笑出聲，一掌往我的背拍下去。「眞是個好主意。」他暢飲一口啤酒。「就像你一樣，我也有一間儲藏室，可以的話，我也想學你的作法，不過，警局丟了政府文件可不是件好事。」他仰頭大笑，我長吁一口氣，幸好是虛驚一場。

隔天早上，我走進辦公室，看到約翰局長坐在桌旁的椅子上。「早安，局長。」我囁嚅著說，背脊竄起一股寒意。他這麼早來拜訪不知有何用意。

「早，多可塔拉。傑夫．卑瓦先生稍早來到我的辦公室報案，說昨晚有政府財產遭竊，他讓我看了你們儲藏室被破壞的門鎖，還整理了一份遺失清單給我。幸好，被偷的都是一些舊政府時代的文件。我需要你簽個名，好立刻展開調查。」他眨眨眼。

「謝謝你，局長。我相信你和你的手下會盡力抓到犯人，但我猜想，犯人現在可能已經在莫三比克了。」

「可能吧，保重，多可塔拉。」

我送他到門口，握手道別，並祝福他有個美好的一天。

我目送他走遠，傑夫抱著一疊紙來到我身旁。「有問題嗎？」他問。

「沒事，昨晚好像有小偷闖進我們的儲藏室，偷走不值錢的政府文件。話說回來，報警的人是你，你應該知道的。」

「Ndithu，沒錯。要是有人問起遺失的文件，就用警方文件來解釋吧。」

「幹得好，眞高興可以擺平這件事。約翰昨晚把我唬得一愣一愣的，我快嚇死了，還以爲自己會因爲一疊廢紙被趕出這個國家。」我的目光掃過掛在牆上的獵槍和步槍，補充道：「我覺得自己像躲開了一顆子彈，眞是有驚無險。」

「這些是給你的。」傑夫把手上的紙張塞給我。「這是我家孩子寫給你的信，每一張都有畫上動物和家人。」

早上忙得分身乏術，下午更是焦頭爛額，一直到寧靜的晚上我才有時間細讀每一封信。每個孩子都感謝我給了他們紙張，也說會好好用來寫字和算數。當我放下信時，心中一個小小的聲音響起：值得躲過一顆子彈嗎？

答案很快就出來了：太值得了。

7 美麗的時間錯誤，換來無價的收穫

「我來釐清一下，你的摩托車在離醫院十二公里遠外的地方拋錨，你一路推著車過來，是為了準時看診，對嗎？」

「沒錯，我可以上工了。我的東西要放哪呢？」

「瑞博醫生，很抱歉，現在沒有需要看診的寵物。我們以為你下星期二才會到。」

我趕在破曉前把動物醫療用品綁在摩托車上，腳一踩，車子發動，我揚長而去。傑夫和我花了幾個星期計畫這次的旅行。先去一趟我們在法隆貝縣的小辦公室，工作一整個早上後，再趕往二十公里外的卡布庫教會醫院，下午就留在那裡治療醫院和鄰村的動物。

順利的話，我每兩個星期跑一趟，有必要的話還可以跑得更勤。我原本每星期都會去一趟姆蘭傑縣的辦公室，喬洛陡崖則是每月一次。法隆貝和卡布庫教會醫院是我能照顧得到的最後兩處。

法隆貝之行一路平安，看診過程也十分順利，看完最後一個病患、收拾完畢後，就是前往下一站教會醫院的時間了。就算用每小時七十公里的速度悠哉地騎，時間也綽綽有餘。我騎得正順時，砰的一聲巨響，讓我的左耳都耳鳴了。摩托車緩緩停下，我腳踩了兩次還是無法發動，我最擔心的事發生了。

「才騎了六千公里就爆活塞，也太爛了吧……」我氣得破口大罵，真想乾脆把摩托車丟在這裡，但就算現在拋錨不能用了，也不能把這麼貴重的東西丟在荒郊野外。十二公里外還有人在等著我呢。

就這樣，我推著拋錨又滿載設備的摩托車，徒步走了一個多小時，終於來到教會醫院。我瞥見門廊上站著一名穿著白袍的黑人和一名穿著白袍的黑人修女，我猜那一定就是行政辦公室。我推車快步走上前，架好車，往上走了四個階梯與他們會合。我跪了下來，兩手撐地，上氣不接下氣。「嗨……我是……瑞博醫生……很抱歉，我……來晚了……摩托車……半路拋錨。」

「你該不會在這種大熱天底下推車走了十公里吧？」

「是十二點二……公里。」我氣喘吁吁。

「過來坐一下吧。」他扶我進入辦公室，找了張椅子給我。

「謝啦……呼……眞夠我跑的！」

「我是大衛．伊華班尼醫生，喝杯茶吧。」他用英文說，聽得出他喝過洋墨水。

「我聽說過你，你一定累壞了。」

我滿心感激地啜飲著茶。「是有點累，謝謝你的茶，我感覺好多了。這還是我第一次跑這麼遠。關於我，你聽說過什麼？」

「大家都叫你azungu（白人）瘋子，果眞名不虛傳。只有瘋子才會在大熱天推著一輛載滿東西的摩托車跑了十二公里。爲什麼？」

「我不想讓你們失望。你們都在等我，說不定還有一堆人和寵物排隊等著我看診。你也知道，讓人失望一次，要贏回信任就很難了。」我回答。

「我來釐清一下，你的摩托車在離醫院十二公里遠外的地方拋錨，你一路推著車過來，是爲了準時看診，對嗎？」伊華班尼醫生說。

「沒錯，我可以上工了。我的東西要放哪呢？」

「瑞博醫生，很抱歉，現在沒有需要看診的寵物。我們以爲你下星期二才會到。」

「下星期二？」

「恐怕是如此。好消息是，我們醫院的卡車明天要去城裡載運設備，如果你願意，我們可以順道把你和摩托車載回你的辦公室或城裡。」

「我的天啊，我推著那台該死的車……下星期二！」

「再喝一口茶吧，你看起來不太好。」伊華班尼醫生說。

我無事可做也無處可去，整個下午都在認識醫院員工，以及跟著伊華班尼醫生巡視醫院。事出突然，卻過得很有意義。只容得下十張床的小醫院已經客滿了，一些病患就睡在地板上的床墊。

「我們最大的挑戰，就是沒法早期發現早期治療，很多人都拖到不能工作，甚至無法進食才找醫生；等他們來到這裡時，狀況已經很糟了。」伊華班尼醫生說。

「最常碰到什麼病症？」我問。

「瘧疾、腹瀉和嘔吐，也有過幾個肺結核病例，還有嚴重燙傷——因爲靠著火睡覺，結果半夜滾到火上去了。還有血吸蟲、鉤蟲、條蟲和盾波蠅也是很常見的寄生蟲病，染毒創傷更是家常便飯，最教人擔心的是愛滋病和後續引發的併發症。這裡的人沒什麼免疫力，任何病都可能得。我敢說，接下來幾年因爲愛滋病毒破壞了免疫系統，會有非常多人感染肺結核。」他看了眼手錶。「我接下來還有個手術，你願意來協助我嗎？我需要一雙熟練的手。」

「你是說眞的嗎？」

「當然，有問題嗎？」

「有問題的人不是我。你確定可以嗎？沒有責任歸屬問題嗎？」

「那是你們美國佬的想法，這裡可是非洲。你要加入嗎？」

「當然好，是哪方面的手術？」

「剖腹產。有個十二歲的女孩早你三十分鐘，走了五公里路來到醫院。我替她施打點滴，做些支持療法①，調整她的狀況好進行手術。」

十五分鐘後，我們兩個和大衛醫師的首席外科助理榮恩・伊維登，三人並排站著擦洗手臂。我聽見遠方接連傳來轟隆巨響，大衛說，那是鄰近莫三比克境內的砲火聲，武裝部隊對上反抗軍。自從莫三比克脫離葡萄牙獨立之後，政府軍和反抗軍經常交鋒，十年來始終戰火不斷，所到之處斷壁殘垣，殘存的莫三比克村民被夾在中間，雙方誰也不管他們的死活。村民歷經苦難，在貧脊之地餬口求生，期盼返回平靜生活。

「你有多常聽到砲火聲？」我問。

「每三到六個月就會聽到一次。這一次很遠，不會影響到我們。我們懂得從砲火聲來分辨戰場遠近，如果很近，就會有受傷的難民攜家帶眷上門，其中還包括牲畜。你們政府會把這些難民隔離在法隆貝平原。我們這座小醫院經歷了不少傷心事，對吧，榮恩？」

榮恩看著我。「那些人跟我們一樣都是切瓦人，所謂的邊境是白人畫在紙上的東西，他們就是我們的家人，但願你不會目睹我們所見的一切，那將會摧毀你的靈魂。」說著，他左臉頰滑落一滴淚。

我們穿戴好口罩、手術衣和手套後進入手術室。大衛和榮恩醫師站在手術台的一側，指示我站到另一側。榮恩負責傳遞器具和縫線材料，我則負責擦掉血跡及在大衛醫生打結後剪去多餘的縫線。大衛動作俐落、充滿自信，器具在他和榮恩之間無聲傳遞，兩人是訓練有素的團隊。從第一刀切下去到寶寶從子宮出現，彷彿不過短短幾秒鐘。

「拿去吧。」大衛把寶寶放到我手中。

---

① 支持療法，指的是不直接對付病毒體，而是經由水分、養分的補充和症狀治療，讓病患更有體力去自行消滅病毒體。

「啊，呃……我該怎麼做？」我結巴地問。

「如果是小狗，你會怎麼做？」他問道。

「如果是小狗，我會揉揉牠，倒立搖晃，清理牠的肺。我對人類的剖腹產所知不多，但我確定你不會搖晃嬰兒來清理肺部吧？」

榮恩和大衛爆笑出聲。「當然不會。等我綁好、切斷臍帶之後，你只要把嬰兒交給艾琳修女就好了。」

年輕媽媽恢復順利，當她第一眼看到剛誕生的女兒，臉上綻放的光彩照亮整間恢復室。我跟隨大衛醫生巡視最後一回，耐心等待他更新病歷。

「今天就到此為止。等一下在我家吃飯，你可以睡我家客房。我家就在醫院廣場旁，這個距離讓我可以保有一點隱私，又可以隨時待命應付緊急情況。跟我來。」

吃飯時，我發現客廳桌上有個棋盤。「你下棋嗎？」我問。

「小玩一下。我以前都跟我弟一起玩，但我們絕交了，這裡的人又對下棋一點興趣都沒有，所以我的棋藝也生疏了。你呢？你下棋嗎？」

「一點點，我的棋藝不是很好，但樂在其中。」

「吃完飯後來玩一局吧。」

「好啊。」

這盤棋下了兩個多小時，最後以和局作收。大衛醫生和我握手時說：「眞是一盤好棋，眞希望還能多下幾盤。等確定你哪幾個星期二會過來，說不定可以在工作之餘再加一盤棋。」

「沒問題。」

大衛醫師的客床是一張稱不上舒服的水泥板，不過，睡意依然瞬間來襲。我在法隆貝推了整個早上的摩托車，走過十二公里路，參與剖腹產手術，還下了一盤累死人的棋。我精疲力竭，一邊揣想著下星期一還會碰上什麼事，一邊迷迷糊糊地睡著了。

感謝卡布庫教會醫院，隔天中午，我跟著拋錨的摩托車一起回到了自己的辦公室。傑夫是第一個出來迎接我的人。「瑞博，發生什麼事？我們好擔心你。」

「車子的活塞爆了，我想聯絡你們，但沒有電話。他們好心收留我一晚，又送我回來。這裡還好嗎？」

「平靜無波，一切都在控制之中。」

「那就好。我得聯絡一下里郎威的和平工作團辦公室，看看該怎麼辦。你可以幫我請喬來看一下摩托車嗎？」

我試了八次才聯絡上里郎威的辦公室。當我掛斷電話時，喬走進辦公室，他證實了我的猜測。

「活塞壞了，Pepani（抱歉），多可塔拉，我沒有零件可以修理。」

「沒關係，喬。我剛跟和平工作團辦公室通過電話，他們已經授權我去布蘭岱的專賣店修理。你知道那間店嗎？他們的技術好嗎？」

「大部分的人都很好，主管是我的好朋友，我們常一起工作，如果你願意讓我跟著摩托車一起去，我可以協助我的朋友修理，同時做些改善。」

我轉向對面的傑夫。「你認爲呢？」

「我覺得是好主意。這幾天晚上可以請珈瑪先生代喬的班，沒什麼問題。」

「那好，喬就去試試看。」

「Zikomo（謝謝），等我回來，你不會失望的。」喬開心地摩拳擦掌。

三天後，喬騎著我的摩托車轟然飛躍前廊階梯，我驚喜地發現摩托車聲音變了，更像是輛眞正的摩托車，而不是憤怒的大黃蜂。

「午安，喬。你把車救活了！」

「你的車很好，來看看吧。」他稍加解釋修改的部分。「多可塔拉，這輛車是爲你量身打造，絕不會讓你失望。試騎一下吧。」

我二話不說跳上車，油門一催，放開離合器，車子前輪離地，完美地翹起孤輪。三十分鐘後，我連人帶車滿布紅塵地回到辦公室，喬正耐心等候著。

「騎起來怎樣？」

「怎樣？超快的！Zikomo、zikomo。」

正如喬所言，我騎車跑了九萬九千公里，在大自然中飽受風吹雨淋、飛揚塵土與高溫酷曬，車子一概默默承受，毫無怨言。

眞希望我也能這麼形容我自己。

PART 2
那些人，那些事，
怪異又奇妙的非洲溫暖之心

8 學西洋棋的酒吧女郎

我拿出一本西洋棋入門書。「拿去吧，在明天上課之前，能讀多少就讀多少。這本書是妳的了，明天見。」

「你的意思是，我可以留著這本書？這是禮物？」她難以置信地瞪大眼。

「沒錯，只要妳不要一時火大把書燒掉，要留多久就留多久。」

以和平工作團的標準來看，我會是第一個承認自己過得非常好的人。住家有水電、有抽水馬桶，算得上是非常奢侈的生活，更棒的是，走五分鐘就可以到喬洛酒吧喝冰啤酒。在首都里郎威的和平工作團成員也待我們不錯。生活津貼雖然不多，但也足夠了。除此之外，綜合維他命、防瘧藥物和保險套應有盡有。

愛滋病在非洲肆虐擴散，政府幾乎無作為，使得疫情不見緩和。我決定在黑暗大陸的這塊小小地方盡一己之力：讓喬洛酒吧女郎可以無限量免費拿到維他命和保險套，全由美國和平工作團提供。

服務滿四個月時，貝蒂護理師前來檢查我的身體，替我注射預防肝炎的珈瑪免疫球蛋白。她測量我的體重、血壓、體溫並聆聽心跳，確認我的健康狀況良好，接下來就是注射——我拉上辦公室窗簾，褪下褲子，趴在桌上。珈瑪免疫球蛋白的劑量是整整五毫升，針頭刺進去就像被大黃蜂螫到一樣痛。注射完畢，我穿好褲子，跛著腳走去拉開窗簾。貝蒂坐了下來，我則選擇繼續站著。

「很高興看到你這麼健康，看樣子，和平工作團的任務和新家你都適應得很好。這些是你申請的東西。」她把桌上的維他命、防瘧藥物和保險套推過來。

「非常感謝妳。」我說。

「不客氣。」接著，她的口吻變得更爲官方。「還有一件事，我們的簿記員麥迪遜在檢閱補給品申請時，發現你對維他命和保險套的需求遠高於其他人，他要我來查清楚，這些維他命和保險套是否用在你自己身上。」

「貝蒂，妳過獎了，我怎麼可能比其他人吃更多的維他命、用更多的保險套？」

「在看過你的申請後，麥迪遜判斷你一天使用超過十個保險套。一星期七天，一天超過十次性關係。」

「現在妳知道我爲什麼需要那麼多維他命了。」

「瑞博，你要我怎麼告訴麥迪遜？」她的語氣裡沒有一絲戲謔。

該死，又來一顆子彈了。我幹嘛老幹這種事？我暗忖著，還沒回答，門口傳來一個小小的聲音。

「不好意思打擾你了，多可塔拉，我們不知道你在忙，改天再來。」露絲說。

「不會，請進。」我一跛一跛走到門口。我都忘了她和南西會來拿抗生素。「有個人我想介紹給妳們認識。」我抓著她們的手，把她們拉進辦公室。「貝蒂，這兩位是我的朋友，露絲和南西。露絲和南西，這位是貝蒂，里郎威和平工作團辦公室的護理師，特地來幫我檢查身體。」

我傾身湊近貝蒂耳邊低語：「露絲和南西是在當地酒吧工作的酒吧女郎。」

露絲和南西跪在地上，用膝蓋靠近貝蒂以示敬意，用燦爛的笑容代替招呼。

「小姐們，眞高興妳們來了，正好來替我澄清一下。」我說。

「什麼事，多可塔拉？」她們問道。

「貝蒂工作的辦公室提供我維他命和保險套，她剛告知我，負責人認爲我需求過大。根據他們的紀錄，我每天必須有超過十次以上的性關係，我不覺得這很過分，但和平工作團辦公室裡的人覺得我是。」我眼神流露出懇求。

「妳們兩個都清楚內情。」我一邊說一邊踮著腳走過辦公室。「妳們可以替我向她澄清。」我來到貝蒂身後，在她的視線範圍外雙手合十懇求，無聲地對露絲和南西說了句「拜託」。

在馬拉威，人們不會公開談論性事，遑論是對陌生人。我的請求對露絲和南西來說是過分了，但謝天謝地，她們心領神會。

露絲率先開口：「貝蒂姊姊，我可以向妳保證，多可塔拉是位精力非常充沛的愛人，像公牛般強壯，卻又親切溫柔。」

「Ndithu（沒錯），姊姊，在喬洛縣無人不知。」南西附和。

「還有姆蘭傑、布蘭岱、奇奇利、林貝和希雷河谷下游一帶的人都知道。」露絲說，一臉正經地和南西互相點點頭。

「要我把上次和多可塔拉在床上的經驗說給妳聽嗎？」

這下，我敢說我看到貝蒂的咖啡色肌膚泛紅。「謝謝，小姐們，我想貝蒂已經相當清楚了。」我打岔。

「沒錯。」貝蒂哈哈大笑。「瑞博，我現在清楚你的處境了。」她會意地眨眨眼。「很高興你如此融入環境，做了這麼多好事。保持下去吧，以後你的申請不會再有異議了。雖然想留下來多聊一會兒，但我還有其他地方要去，得先走了。謝謝你招待的好茶，保重，瑞博。」

「一路順風，貝蒂。」我給了她一個大擁抱，向她道別。

南西、露絲和我站在前廊揮手道別，目送和平工作團的Land Rover休旅車離開。我心想：*又躲開另一顆子彈了，老天，眞是好險。*「像公牛般強壯，卻又親切溫柔，我喜歡這句。小姐們，下午茶時間到了。」我說。

回到辦公室後，我正在倒茶，露絲指著附近桌上的棋盤，問：「多可塔拉，你可以教我玩嗎？」

「妳想學下棋？」

「是啊。」

「爲什麼？」我問。露絲垂下頭，沉默不語，我擔心自己冒犯到了她。「抱歉，露絲，我不是有意要讓妳難過。」

她抬起頭。「我有好多次經過你的辦公室時看見你在玩，我想嚇你一跳，跟你挑戰一局，但沒人可以教我。有人說，那不是女人玩的遊戲，也有人說我太笨了，學不會，教我只是浪費時間。」

「南西妳呢？妳想學嗎？」

「不怎麼想。」

「好吧，露絲，要是妳平日每天早上六點半準時來辦公室找我，我就教妳，要是妳沒來，就當作沒這回事，chabwino（好嗎）？」

「Chabwino（好）。」她和南西互相擊掌。

「那就明早見了，我得去工作，祝兩位有個愉快的一天。」

隔天早上，我抵達辦公室時，露絲已經在階梯上等候。就像接觸每一種新遊戲一樣，學棋的第一課最爲冗長無聊，光是要學會遊戲規則，以及每個棋子的移動方法就耗去所有時間。距離看診時間只剩五分鐘。「來下一局吧！」

「還有時間嗎？我知道這種遊戲要花好幾個小時，我看到有人在外面等了。」露絲說。

「先玩玩看吧。妳玩白棋，由妳開始。」

兩分鐘內，走了三步棋，露絲目瞪口呆地盯著棋盤。將軍，遊戲結束。

「別灰心，今天早上妳已經學會很多了。記住，眼光要放遠，三思而後行。」我說，而她看起來像隻中暑的小雞。「我得走了，工作在等我。明天早上見，chabwino？」

「Chabwino。」她心不在焉地回答，眼睛仍瞪著棋盤。

「多可塔拉？」她叫住我正要離去的腳步。

「是，露絲。」

「我會讀書，如果你有相關的書可以借我，我保證會非常小心，一看完就還你。」

「我沒有，但我會想辦法弄來一本。」

「Zikomo（謝謝）。」

第二堂課幾乎都在複習第一堂課的內容。眼見學生興趣缺缺、注意力渙散，我說：「來下一局吧。記住，三思而後行，預測我的下一步，判斷自己哪些棋子有危險，採取行動保護它們，懂嗎？」

露絲附和地點頭。「不會像昨天一樣，三步就結束吧？」

「親愛的，那就要看妳了。」我回答。

六步之後，我說：「將軍。」

她昨天很震驚，今天則是很沮喪。「妳隨時可以喊停，沒人強迫妳。想放棄嗎？」

「才不要！」

「好極了。」我重整棋盤，再啓新局。我記錄她走的每一步，盡可能閉上嘴巴。這盤棋我下得痛苦萬分，我故意放水，給露絲許多機會吃掉我珍貴的棋子，但她卻不會善用我的失誤。二十分鐘後，我瀕臨崩潰。

「停！我已經記下妳走的每一步，現在重走一次，如果可以，我要妳告訴我理由。」

我們重現她的每一步棋，她顯然都是走一步算一步。我指出她忽略沒吃的棋子，她惱怒地捶打桌子。

「露絲，我得去工作了。」我伸手探入背包，拿出一本西洋棋入門書。「拿去吧，在明天上課之前，能讀多少就讀多少。這本書是妳的了，明天見。」

露絲收下書。「你的意思是，我可以留著這本書？這是禮物？」她難以置信地瞪大眼。

「沒錯，只要妳不要一時火大把書燒掉，要留多久就留多久。」

她喜出望外。「Zikomo，明天見。」離去前，她轉身靦腆一笑。「我以前從沒收過禮物。」說完，她就離開了。

隔天早上的棋局斷斷續續地下得更久了，每次她差點錯失重要的棋子，或是沒能利用我的失誤，我就得暫停棋局。她每走一步棋，用上的時間越來越長，因爲她得先確定自己是否出錯或有疏忽的地方。我努力不表現出我的煩躁。

「到此爲止。今天是星期五，下一堂課是星期一早上。把棋盤帶回家，用功讀書。如果妳讀過了，那就再讀一遍，希望妳星期一不會再犯愚蠢的錯誤。慢走，好姊妹。」

在喬洛酒吧，星期日晚上通常是一週當中步調最爲緩慢的夜晚。不但啤酒較爲冰涼，我也可以在幾張小桌子之中找到位子。唯一的飛標靶最受歡迎，但常客不多，所以等待的時間不會太長。在這個特別的星期日，我一走進酒吧，就發現露絲在吧檯另一頭看書。她擺出棋盤，根據書裡的圖示移動棋子，南西站在她身旁，兩人專注地看書下棋，渾然不察我的到來。

「一個從遠方來的旅者，因爲口渴想喝瓶冰啤酒，要花多少錢？」我大聲問。

露絲和南西不約而同抬起頭，從門口到吧檯只要三步，我一步都還沒邁出，南西已經拿出一瓶冰啤酒給我。

「Zikomo。看來妳有在用功，很好，明天的棋局應該會很有趣。」我說。

「多可塔拉，你在教她們兩人下棋啊？」泰德．可摩問。

「我教的人是露絲，很高興她學得特別好。」

「你在開玩笑，多可塔拉，教女人下棋就像替母豬擠奶一樣，擠老半天才能擠出一點點。」他嘲諷地大笑，酒吧裡其他四個男人也跟著大笑起來。

酒保伊萊和我一點也笑不出來，露絲和南西則一臉殺氣騰騰。

「你爲何覺得是浪費時間？」我問道。

「多可塔拉，你讀了這麼多書，應該知道男人和女人想的不一樣。男人比較聰明，推理能力高，更會解決問題，女人永遠贏不了。」

我喝一大口啤酒，腦海中浮起和我一起畢業的四十名獸醫系女學生、朋友和同事，她們如今事業有成。我的兩個妹妹全是大學畢業。瑪莉現在是一名優秀的小學老師，同時也是出色的排球教練；史蒂芬妮是救人無數的傑出加護病房護理師。我的母親也是名護理師，是她家族裡第一個上大學的人。最後我想起祖母，她只有小學畢業，是名烘焙師，跟祖父兩人在經濟大蕭條時期開了家麵包店，一路苦撐過來，現在她是店裡的業務經理。想起我人生裡這些了不起的女人，泰德這番冷言冷語的沙文主義評論，讓我不禁怒火中燒。很少有事能讓冰啤酒變得難喝，他倒是做到了。

我望著泰德若有所思：算你走運！我祖母不在這裡，不然肯定把你打到流鼻血。我只是說：「泰德，你下棋嗎？」

「到哪都會下個幾局。幹嘛？」他問道。

「露絲下棋還沒超過一星期，我賭三箱啤酒，只要四個月，她就能打敗你。如何？要賭嗎？要冒著輸給一個女人的風險嗎？」

三箱啤酒可不是個小賭注，對雙方來說，都是將近一個星期的收入。這是個魯莽的提議，在場的人都認定我必輸無疑。

泰德展現氣度，婉拒我的提議。「不行，多可塔拉，我知道你工作辛苦，美國和平工作團給的錢很少。要是知道你得餓一星期的肚子，我乾脆不要活算了。」他露出微笑，緩和緊張的氣氛。

「看你這麼有自信，乾脆玩大一點，五箱啤酒。」

酒吧戛然無聲。

「多可塔拉，你是認眞的嗎？把五箱啤酒賭在一個下棋的女人身上？」

「五箱啤酒，眞的。」

「別這樣，多可塔拉，拜託。」露絲低聲說，遞給我一瓶新鮮的啤酒。泰德顯得躍躍欲試，又害怕是個圈套。

「你保證不下指導棋？不會站在她旁邊打暗號或插手吧？」泰德質問。

「不會，我不指導，你要我坐在外面或待在家裡也可以。」

「那就從今天算起的四個月後。」

「沒問題，但有個附加條件：我們兩個先把五箱啤酒的錢交給可靠的酒保伊萊保管，贏家退錢，輸家買單，可以嗎？」我伸出手。

「你是個笨蛋，多可塔拉。反正我也阻止不了笨蛋，我同意。」泰德握住我的手。

「十六個星期後的今天，星期日，棋局七點開始。」

「說定了。」泰德說。兩人握手，一言爲定。

「伊萊，記下日期和時間吧！露絲，明天見。」我一飲而盡後離去。

歸途中，我暗忖：又一顆子彈，我什麼時候才能學會不要再自找麻煩？

9 醫生，你的名字是「惡名昭彰」

「你一定知道自己惡名昭彰吧，老實說，還真沒半個人說你好話。可是，我看到的是病患在乾淨舒適的房間裡休息，接受一流的治療，我看到很多好事，並不符合你的名字或名聲。」

「名字？我的名字跟我的名聲有什麼關係？」

「你不知道嗎？艾納巴達威這個名字就代表：敢惹火我，你不會有好下場。」

「打擾一下，瑞博。」傑夫敲敲我辦公室的門。

「什麼事，傑夫？」我從堆積如山的獸醫月報裡抬頭，我正用這些報告來寫自己的報告。我們辦公室最會生產一堆報告了。

「我剛收到通知，丹・艾納巴達威醫師要我們去一趟，他有頭牛生病了。」

艾納巴達威醫師有許多不好的傳聞，據說是個專搞壞勾當的醫師。我認識的人當中，就有四個深信艾納巴達威醫師會下咒。「要跟我一起去見艾納巴達威醫師嗎？好像很有趣。」我問傑夫。

傑夫遲疑片刻。「如果你需要協助，我當然會去，不過我寧可你不要問我。」他的聲音細如蚊蚋，我意味深長地看了好友一眼。他的表情和聲音都流露出深沉的恐懼。

「沒問題，我要你留下來看家。」

傑夫如釋重負地笑了。

「你對艾納巴達威醫生認識多少？我聽說的可多了。聽說他會變成土狼，摸黑遊走於村落之間，聽到土狼笑聲的村莊，隔天早上就會有村民被下咒生病。」

傑夫沉默不語。

「你也相信法術和咒語嗎？卑瓦醫師。」我使用正式的稱呼。

「瑞博，只要是土生土長的非洲人，不管接受的教育有多高，都很難不相信法術和咒語。就算有人嘴裡說著不相信，他們也會告訴你，他們永遠不想被下咒。」

東西搬上摩托車後，我隨即前往艾納巴達威醫師座落於瓊巴村東北區的莊園。一如往常，我奔馳在荒野中，猶如一場八十分鐘的世界級越野賽車：翻山越嶺，橫越峽谷河床，閃躲樹木、矮樹叢、小雞和一隻突然冒出來的山羊。昨晚一場大雷雨使得泥巴路變得格外濕滑。隨處都可以碰到人，除了那條通往艾納巴達威醫師家的路。

我站在山頂眺望莊園。小丘環繞，擁有天然隱蔽，正中央是棟淺黃色大房子，有兩隻狗在門口來回踱步，其周圍則零星散落許多淡綠色、藍色或粉紅色小屋，感覺一片生意盎然。

走近大屋一看，那兩隻狗其實不是狗，是土狼，被生鏽的細長鐵鍊拴在門的兩旁。一個小男生前來迎接我，但我才一伸手他就退開，示意我跟他走，我照辦。他在土狼前停下腳步，示意我繼續前進。我看著他說：「你在開玩笑吧！」他不發一語，再次示意我往前走。我吞了口口水，百般不願意，打算轉身就要走，突地，屋內有人叫住我，口音有微微的英國腔。「多可塔拉，感謝你來了，請進。」

我想像過艾納巴達威醫師的模樣和聲音，但他的口音完全出乎我預料。他察覺到我的猶豫，又說：「請進，多可塔拉，不用擔心我的小狗，牠們不會傷害你。」

「小狗？」我喃喃，緩步前進。土狼走來走去，在我經過時並不怎麼理會我。我走進艾納巴達威醫師的家。

「艾納巴達威醫師？」我站在門口對著空曠的屋子呼喊。

「我馬上過去，多可塔拉，請隨意坐，別客氣。」

我照做，幾分鐘後，一名身穿藍色牛仔褲搭配紅色 POLO 衫的中年男子出現了。他身後跟著一名端著茶盤的中年女子，穿著一襲整潔俐落的藍色洋裝，頭上包了一種當地人叫 chitenge 的紅色花布。

「瑞博醫生，眞高興終於見面了。請把這裡當自己家，不用太拘束。這位是內人瑪莉。」

我向瑪莉伸出手致意，她回以燦爛的微笑，歡迎我的到來，說話時帶著輕柔的英國腔。

「請坐，瑞博醫生。」她說著倒起茶。「你要加牛奶和糖嗎？」

「是的，牛奶和一匙糖，麻煩妳。」我回答。

「眞高興你已經習慣我們的喝茶傳統，這是很健康的喝法。」她說。

我啜飲茶時，一名年約五歲的小女孩端著一盤餅乾出現，在她身後還有一名年約七、八歲的女孩，手上端著一盤小三明治。

「這是我們女兒，費絲和喬依。費絲、喬依，這位是瑞博醫生。」他說。兩名小女孩把盤子放在我們前方的桌上，小小地屈膝行禮，我微微躬身回敬。按照傳統，兩名小女孩跟著母親離開，留下艾納巴達威醫師和我享用茶點。

「你有兩個可愛的女兒和漂亮的妻子，而且家裡的裝潢明亮又出色。」我環視房間。

這裡像極了我家客廳，拋光的綠色水泥地板和蛋殼白牆面，窗前的黃色窗簾增添溫馨感，牆面裝飾著家族和非洲野牛動物的裝框相片。舒適的家具比我自己用的更好。另一頭的牆邊有個大型書櫃，有著豐富的藏書、立體音響和許多卡帶。茶几正中央堂而皇之擺出孔雀石棋盤和骨製棋子。

看到我在打量棋子，艾納巴達威醫師問：「你下棋嗎？」

「會一點。棋藝不精，但樂在其中。」

「好極了，在跟我下棋之前，你可別想走。來吧。」他示意。「來看看我的藏書。」

我走向書櫃，掃視成排書籍，有心理學、化學、哲學、宗教、植物學、動物學、文學、美術，以及動物和人類醫學。太令人震驚了，這不是落後地區的荒野大夫家，而是一位醫科醫師的家。

「超乎想像，是吧？」他問。

「的確。」我的視線沒有離開書本。

「你原本以爲會是什麼樣子？」

「老實說，還眞有點難啓齒，艾納巴達威醫師。」

「請告訴我。」他堅持。

「這個嘛，」我清清嗓子。「我想像的是那種茅草屋頂加泥巴的傳統土屋，骯髒又烏黑；你打扮得像傳統巫醫，穿戴毛皮和羽毛，全身用白色和紅色顏料畫滿神祕符號，雷鬼頭，不修邊幅，偏愛惡臭污穢。」

他放下茶杯，爆笑出聲，連瑪莉都跑出來一探究竟。他重述了我的話，她也跟著大笑，我爲自己狹隘的想法感到無地自容。

兩人重拾冷靜，瑪莉離去之後，艾納巴達威醫師說：「請原諒，我不是有意冒犯，我好久沒有大笑了。老天爺。」他擦掉臉上的淚水。「不好意思，讓你失望了。老實說，如果是我自己布置，可能就跟你描述的一模一樣了。這一切要歸功於瑪莉。」

喝完茶，艾納巴達威醫師說：「希望你沒趕時間，在看過我生病的牛後，我們全家想邀你留下來共度午餐。瑪莉不會想聽到別的回答，你不留下，我的人生會很悲慘。」

「你人眞好，我很樂意留下來。另外，請直接叫我瑞博就好。」

「那你也得叫我丹。」他回答。

他帶我參觀莊園，沿途停留每一間小屋，問候裡頭的病患。每間小屋都有拋光綠色水泥地板、蛋殼白牆面和黃色窗簾；所有病患在草蓆上都有張舒服的泡棉床墊，還有人隨侍在旁照顧起居。我大開眼界。

走回花園，我看見許多人正在辛勤工作。丹醫生說那些都是病患家屬，他看病不收錢，但要求家屬來農場工作。馬拉威人沒什麼錢，就是家屬多，這種安排十分可行，多餘的作物可以拿到城裡銷售，賺來的錢就拿來買醫療設備。我們經過時，丹特地逐一問候並為我引薦每個人，展現對他們的最高敬意。

我們走到農場後的一處圍欄，一頭重達一公噸的婆羅門牛站在裡面，一旁有乾淨的水、新鮮牧草和一小堆穀物等美味的食物，但牠碰也不碰，肯定是病了。

「牠是雷神索爾，但這幾天強大不起來。我從牠出生第一天就開始飼養牠了，希望你可以救救牠。」丹解釋。

我說明需要壓制索爾來做檢查，說不定還需要血液樣本。我詢問他是否有適合的牛隻固定架，可以架住這頭大牛。

「不需要，我可以保證索爾不會為難你。你儘管動手，我會控制牠。相信我，瑞博。」

回想從前，也有人對我做過類似的保證，但下場是我沒命地奔跑，一鼓作氣跳過一座高籬，然而，我還是決定放手一搏。就像我爸常掛在嘴邊的話：「兒子，如果你要做蠢事，最好強壯一點。」我覺得自己非常強壯。

丹和我一起進入牛棚。他直直走向索爾，用食指壓住牛隻寬闊的前額。「我遮住索爾的第三隻眼了，該做什麼就做吧。」

我先把溫度計插入牛屁股，牛的溫度在這時通常是攝氏三十九度，但我量到的卻高達四十二度，水銀柱持續升高快要爆表，索爾就要被活活熱死了。接下來要檢查的地方靠近索爾寬厚的背。我把聽診器貼住同樣寬厚的牛胸，聆聽心肺——肺部乾淨，心跳急促。我轉向牛頭，拉下牠的左下眼瞼，是灰白色的。

「看來是一到兩種常見的血液寄生蟲在紅血球裡作怪，我建議直接雙管齊下。我可不想為了取得血液樣本確診，冒著生命危險切下索爾的耳朵。」

我把適量的兩種藥劑灌滿三大支注射器和一小支注射器，然後看向丹，後者正堅守在索爾前方。

「丹，這種藥很痛，我得替索爾注射很多次，你確定牠會從頭到尾保持不動？」

「當然，動手吧！」

我謹慎俐落地注入藥劑，一邊注意牛隻的動靜，一邊瞄向最近的圍籬。索爾揮動了一次耳朵，我驚得差點扎到自己。我等著這隻公牛暴走，但不管我注射哪個部位，索爾都文風不動。

最後一毫升的藥劑注入牛隻體內後，我拔出針頭，轉向丹。「結束了。」

「瑞博，離開牛棚，替我開著門，我要奪門而出。」

我聞言照辦。

「準備關門！」他大吼，轉身拔腿就跑，丹一跑出來，我便立刻狠狠甩上門，拴好。就像檢查和治療時一樣，牛一動也不動地站著。

「遮住第三隻眼有後遺症嗎？牠好像變成雕像了。」我問。

「沒有啊，你確定那個 mankhwala（藥）會痛嗎？看起來不——」

話還沒說完，就見那頭大牛甦醒過來，宛如全國牛仔競技決賽裡的冠軍牛，弓起背又跳又踢，揚起一片塵土。我真不敢相信自己的眼睛，這隻動物在發燒又身體虛弱，居然還那麼有力氣。

牠終究耗光了體力，平靜下來喘著氣。

走回主屋的路上，我對丹解釋，索爾會在二十四小時內好轉，也建議他幾種防治寄生蟲的方法，另外，應該要注意其他動物可能出現的病兆。突地，木頭斷裂的聲音打斷了我的話，我們不約而同轉過身，只見索爾以蹄刨地，口吐白沫，站在牛棚外，木頭碎片散落一地。木樁和橫杆四分五裂，而索爾甚至連滴汗都沒流。

「快跑！」丹大喊。我丟下急救包，緊跟在丹後頭，回頭看到索爾正全速衝過來。我跟丹跑上小路，遠離主屋，進入荒野。前方清楚可見一棵芒果樹，不用說，只消看緊逼在後的索爾一眼，腎上腺素使瞬間激升，我超越丹，率先抵達芒果樹。我們一躍而起，抓住最低的樹枝，像兩隻狒狒般晃到樹上，爬到樹頂，氣喘吁吁。

索爾沒有剎車，朝著樹一頭撞了上來，我們兩人一時失手沒有抓好樹枝，往下掉落卡在半空，我們急忙再爬回樹頂。接著，是某種斷裂的聲音，我想是樹被索爾撞裂了。

牠趴坐下來喘息，我們也趁機喘口氣。

等我能說話時，我問：「現在怎麼辦？」

「我正想問你同樣的問題。」

「看來只能等牠自己走掉了。」我說。

「你覺得我的莊園如何？」丹問。

「既然你問了，那我就直說了：我實在是搞不懂。」我回答。

「什麼搞不懂？」他問。

「你一定知道自己惡名昭彰吧，老實說，還眞沒半個人說你好話。可是，我看到的是病患在乾淨舒適的房間裡休息，接受一流的治療，我看到很多好事，並不符合你的名字或名聲。」

「名字？我的名字跟我的名聲有什麼關係？」

「你不知道嗎？艾納巴達威這個名字就代表：敢惹火我，你不會有好下場。」

「惹火艾納巴達威就沒好下場。」他複述完後大笑。「很好啊。我同意，有時連我自己都挺驚訝自己的名聲。」

「那些名聲是哪來的？」我問。

「我贏來的啊，我還想繼續保持下去。」他說。

「我不懂。」

「這樣說好了，我只要詛咒一個人，那個人就會死，這是好事還是壞事？」他說。

這種問題一定有陷阱，但我還是老實回答：「從死人的角度來看，是壞事。」

「一點也沒錯！再來說到這個死掉的人，他經常毆打老婆小孩，甚至還威脅要殺了他們。他的妻子尋求婆家協助卻被拒絕，警察也幫不上忙，毆打和威脅依然日復一日，她在絕望中找上了我，哀求我救救她和孩子。這個人死了是好事還是壞事？」

「我懂你的意思了。」

「沒有人是徹底的好或壞，就看偏向哪一邊。有時候看起來我像是在使壞，但評斷的人往往不清楚內幕，可以確定的是，你剛說的『惡名』在解決事情時相當好用。你相信魔法嗎？」

「我不相信。」我斬釘截鐵地說。

「那麼你要怎麼解釋一個人死在咒語之下？」

「我會說是意志使然。」

「一點也沒錯。的確是那個男人的意志和良心殺了他，我只不過是當個中間人，讓他意識到這一點。」

等我們談完話，索爾已經回到牛群裡了。我們從容不迫返回主屋，和他們一家人享受了一頓美好的午餐。飯後，他堅持要我留下來對弈，我興致勃勃地接受挑戰。他是個不錯的棋手，但我也打了漂亮的一戰。

棋局結束，我問他：「你常下棋嗎？」

「最近很少下了。以前都是和我哥卜棋，不過我們鬧翻了，從此避不見面。」

「很遺憾。」

「我想念他，也想念過去那些美好的日子。家人之間的關係是很特別的，千萬別視作理所當然。你哪天來到這附近，請一定要來我家坐坐。」丹在我準備離去前說。「我的名聲在某方面很好用，但也因此嚇跑很多人。」

我保證不會拒絕他的熱情款待。臨去前，他又說：「總有一天，你會需要我的黑暗之力，到時儘管聯絡我。」

我一路馳騁，難以想像哪一天會用得上丹．艾納巴達威醫師的黑暗魔法，話說回來，這裡可是非洲，如果丹說我早晚會需要他，那就是會有這一天。

結果證明，我不只一次需要他。

10

接生日：小牛和小嬰兒

「母牛怎麼樣了？小牛生下來了嗎？」

「還沒，跟我來。」他說。「她在這裡。」他拿掉隔壁房門口的毯子，我探頭一看，沒有牛，草蓆上只有一名汗水淋漓的年輕女孩。

「早安，傑夫，今天過得好嗎？」我比平常更爲雀躍。

「很好啊，你呢？」他坐在自己桌前回答。

「我很好。今天早上，我家前院的桃花心木樹上，有隻好酷的貓頭鷹棲息在低矮樹枝上，我喝茶時，牠就在附近徘徊。今天眞是好的開始。」

傑夫的笑容褪去，深吐一口氣，正色問：「你今天早上看到貓頭鷹？」

「是啊，我今天早上看到貓頭鷹了。有什麼不對嗎？」我驚訝地問。

「應該是沒有。」他垂下眼，別開視線。

「什麼叫應該沒有？」我追問。

「瑞博，」他仍然迴避我的視線。「早上看見貓頭鷹，代表某個與你很親近的人死了。貓頭鷹有看你嗎？」

「有啊，和我四眼相對，還對我眨眼，叫了一聲後就飛走了。」

「哦……」他抿著嘴，輕輕搖頭。

「『哦……』是什麼意思？」

「沒事。如果你是馬拉威人，代表有親人會死去。但你是 mzungu（白人），不用擔心啦。抱歉。」傑夫起身走出辦公室，與我擦身而過時仍不願正眼看我。

一整天，我都彷彿烏雲罩頂，到了晚上總算散去了些，但仍感到一股莫名的不安。在那之後，每天早上我都會從臥室窗戶往外尋找那隻貓頭鷹，但牠再也沒有回來過。

在看見貓頭鷹的三個星期後，某個陰雨綿綿的日子，珈瑪先生把一疊信放到我桌上。我看到老爸寄來的信，心情爲之一振。一星期一次，他的信總是會準時送到。他參與過韓戰，非常清楚一個人離鄉背井、隻身在外的孤寂感，這些信對我來說就是一切。我把其他信推到一旁，打開這封信。這是他寫過最短的信。

「傑夫？傑夫，來一下。」我大叫，顫抖著手將信遞給他。「你讀一下，注意日期。」

他一下就看完，把信還給我。「很遺憾得知你祖母的死訊。」

「謝謝你。」我們兩人同時盯著信封上的日期。

「瑞博，你可能不知道這件事有多不尋常。那隻貓頭鷹，根據令尊的信，你看見非洲靈魂使者的那天，正好跟你祖母去世是同一天。我不知道貓頭鷹也會替 mzungu 傳訊息，更別說是一個白人瘋子。我很替你感到遺憾。」傑夫說。

他走了之後，我作了一個短暫的禱告，爲我的家人，也爲逝去的死者。接受十二年天主教教育，我從未有過一刻感覺接近上帝，也沒想過要接近。如今我來到非洲，認識身爲妓女的好友、預見我未來的巫醫及前來傳送訊息的靈魂信使。這裡是塊貧脊之地，平均壽命短、嬰兒死亡率高，然而，因爲人們熱情，這裡又被稱爲「非洲溫暖之心」，是全世界眾多國家當中，我特別在意的國家。

馬拉威人認爲「神在雨中」，因爲神常常在雨中出現。當雨降臨，彷彿爲了彌補自己的姍姍來遲，一下就是滂沱大雨。現在是二月，每個人都說雨季會在五月中結束，但我等不到那個時候。接連不斷的雨持續了整整兩個星期，雨勢或大或小，毫不停歇。我穿著鮮黃雨衣和黑色雨鞋執行工作，但還是遭雨滲透。一天結束，我渾身濕透，冰冷徹骨。

騎車更是一場地獄。這一帶唯一的馬路泥濘難行，車子退到一檔就會打滑，千辛萬苦才能前進一點點。更多時候我必須推著車，小心翼翼經過特別濕滑的地區。我剛說騎車是地獄了嗎？根本是無間地獄。

某天午後，工作結束，我在傾盆大雨中回到辦公室。密克朗威擠乳棚的庫溫達先生有頭母牛難產了。如果是在乾燥季節，到庫溫達先生家只要四十五分鐘，但遇到這種天氣，就得花超過兩個小時，而助產從頭到尾只需要一小時。嬌小的母牛第一次生產，不管怎麼用力，體型較大的小牛就是不出來，簡單來說，就是卡住了。

小母牛狀況不佳，我用靜脈注射替牠補充電解質、葡萄糖和自製的硼葡萄糖酸鈣。

我的目標是讓小生命誕生，但萬一母牛在過程中死掉，對庫溫達一家來說打擊更大。二十分鐘後，牠似乎恢復活力，接下來該讓小牛出來了。塊頭大的小牛正努力要擠出骨盆和陰道，我切開外陰兩側，擴大開口讓小牛通過。不切開的話，肯定會造成撕裂傷，到時會更難以修補。

在潤滑產道之後，我們準備好要迎接新生命來到世上。庫溫達先生和我分別抓住小牛其中一隻前腳後往外拉，小母牛用力一推，我們才多拉出兩公分。我把小牛塞回母牛體內，重新潤滑產道，庫溫達先生和我再拉一次，加上母牛的努力，這次多拉出了三公分。我們重複這個過程好多次，三十分鐘後，一隻健康的小公牛平安誕生了。

如果是個陽光燦爛的日子就更棒了，但深度及膝的爛泥和連綿不停的雨勢令人很不愉快。一般只要兩個半小時就能解決的出診，等我回到辦公室已經超過五個小時了，效率奇差無比，不過至少有點成績。小公牛和媽媽活下來了，這一趟長途跋涉總算是值得了。

我停好摩托車，拿起診療箱，步履艱難地走向辦公室，滿腦子只想來杯熱茶和乾爽的衣物。我剛脫下雨衣，傑夫便從他的辦公室走來。

「小牛順利誕生了嗎？」他問道。

「在那種環境下，算順利的了，最後總算把小牛給弄出來了。小母牛動了一些小手術，但狀況不錯，幸好我不用在雨水泥濘中進行剖腹產。」

「看得出來你累壞了，但有名年輕人正在我的辦公室等你。」

前往傑夫辦公室的路上，善體人意的吉兒遞給我一杯熱茶，正好是我需要的。我一眼就認出那個男孩，他叫查理，是密克朗威縣某村村長喬治・麥迪拉的孫子。他飼養十幾頭乳牛，我去過他家好幾次。

「你好，查理，家人都好嗎？」我和他握手致意。

「不好，多可塔拉。我來這裡是因爲我祖父一頭相當好的牛生不出小牛，已經過了好幾個小時，牛病得很嚴重，他派我來請求你去一趟，提供協助。」

我的心一沉，回頭看了眼傑夫，然後凝視著大雨。

「好極了，麥迪拉先生家要比庫溫達先生家遠三十分鐘。在這種天氣下，我至少要花三小時才到得了，該死，該死，該死！」

傑夫聳聳肩。「我是可以去啦，端博，不過，聽起來這頭牛說不定需要剖腹產。」

我嘆口氣。「這頭牛難產多久了？」我問查理。

「已經陣痛快一天了。」

簡直是一場災難。有隻牛陣痛了一整天，極有可能正躺在外面的泥巴坑裡，小牛八九不離十已經胎死腹中，就算母牛現在沒死，也快了。

男孩察覺到我的猶豫不決。「這隻牛對我祖父來說很重要，如果他在這裡，也會懇求你。」

「好好好，我去就是，反正都濕了也沒差。」我返回辦公室打包診療箱。

路途一如預期漫長顛簸，大雨沖刷路面，我有好幾次不得不停下來確定路面的安全才能繼續前進，還因爲橋被沖掉了，原地折返了兩次重新找路。等我抵達喬治家，天已經黑了。

喬治一聽到摩托車聲就從雨中跑出來迎接我，替我拿診療箱。「多可塔拉，謝天謝地，你平安抵達了。」

「母牛怎麼樣了？小牛生下來了嗎？」

「還沒，跟我來。」他說。

他沒帶我前往牛棚，而是走進小屋前門。

*哇！他眞的很愛這頭牛，才會把牠留在屋裡。*我邊想邊脫下安全帽和雨衣。「母牛在哪裡？」

「她在這裡。」他拿掉隔壁房門口的毯子，我探頭一看，沒有牛，草蓆上只有一名汗水淋漓的年輕女孩，她靠坐在一捲毯子前，三名女子正在照料她。從肚子大小判斷，她正經歷強烈的陣痛。接生婆噓聲趕人，我退了開來。

「對不起，多可塔拉，她是我的孫女。我的牛沒事，我是請你來照顧她。」

「什麼？絕對不行。抱歉，喬治，我對接生小孩一竅不通，我無能爲力。」

「求求你。我孫女陣痛超過一天了，接生婆幫不上忙。你也知道我們這裡的環境，根本沒辦法送她去醫院。我很害怕，我孫女就快死了。」

「喬治，我不是人類的醫生，我從沒接生過小孩，更沒有相關的訓練和經驗，無法勝任，我做不到。」

「多可塔拉，你是唯一的人選。你想走就走吧，我不會有任何怨言，但我的孫女一定會死。如果有其他方法，我不會派人去請你來，你是我唯一的希望，求求你好嗎？」他當著我的面下跪，雙手緊握懇求。

在馬拉威，不要說男人，就連產婦的丈夫也不允許陪同接生，要求一個陌生男人協助，尤其還是個 mzungu（白人），那更是一大禁忌。我看著喬治，腦中千頭萬緒。我們兩人要打破男人勿入的禁忌，後果將不堪設想。

一傳十，十傳百，從家家戶戶到村長，然後是族長，最終傳到酋長耳裡。政府當局會收到通知，美方主管將被迫採取行動，我極有可能被控漠視他國文化而遭驅逐出境。我的處境艱難，但喬治面對的未來更是嚴苛。酋長掌握大權，可以命令喬治攜家帶眷離開他們的小農地，從此被放逐，無家可歸。

馬拉威是世界上嬰兒死亡率最高的國家之一，我猜想死於難產的女性，無論是在生產中或產後不久，應該也不計其數吧，大家只能聽天由命。但今天的喬治不同。他不惜一切代價就爲了救他的孫女，他必定是經過一番天人交戰才找上我。對他來說，最寶貴也是世上僅有的珍寶，是家人。

當時，我自以爲了解這份愛有多深切強大，多年後我自己的孩子誕生了，對妻兒的愛幾乎要漲破我的心，直到那時，我才是眞正深刻明白。

躲開這顆子彈的唯一方法，就是轉身背離喬治，直接回家，可是我做不到。「好吧，我看一下，就一眼。」我朝隔壁房間走去，才一踏入，接生婆再次噓聲趕人，狠狠地瞪了我一眼。

「那幾個女人先離開這裡。窗邊的毯子全拿走，這裡需要新鮮空氣。我要一桶水，愈乾淨愈好，而且要煮沸至少五分鐘以上。還有，叫孩子的爸爸過來。」我虛張聲勢地大吼。

接生婆拒絕走人，堅決死守地盤，但我沒心情爭執，直接使出殺手鐧。「快走，不然我只好請我的好兄弟艾納巴達威醫師詛咒妳，從此以後，妳所碰觸到的每一個孩子都會死亡。」說完，彷彿有惡魔從後追趕般，一群女人飛也似地奪門而出。

我靠近女孩。「妳叫什麼名字？」

她眼神呆滯地望著我，虛弱無力地說：「雀兒喜。」

「雀兒喜，妳現在感覺怎麼樣？」我問道。

「好累，而且好怕。」她回答。

我首先確認她的生命徵象，皮膚濕冷，脈搏微弱急促，已經出現休克現象。雀兒喜太虛弱，用摩托車送到醫院也要三小時，車程對她來說太顛簸，就算找得到願意來的醫師，那樣一來得多浪費寶貴的七個小時，甚至更久。她撐得到那個時候嗎？

我絞盡腦汁卻苦無對策，開始全身顫抖，滿腦子想的是這名年輕女孩會休克死亡，腹中胎兒也將不保。我的耳邊盡是急促鼓譟的心跳聲，流下的汗水混入被雨濕透的衣服。束手無策的感覺讓我陷入恐慌。

我跑出屋子進入夜幕，在大雨之中蜷縮著身體不停嘔吐，吐到只剩下膽汁和唾液。

雨水沖刷掉我腳邊的嘔吐物和唾液。「神啊，我做不到，我需要祢的幫助，請祢幫幫我，神啊。」

這時，我眼前浮現出母親的身影。在我長大的家裡，在她接待客人的廚房裡，她滿臉怒容坐在小餐桌前。「喬伊．瑞博漢。」她只要一發火總是會叫我這個名字。「給我進去。」她指著小屋。「老天在上！你是個醫生，給我進去救那個可憐的女孩，聽到了沒？」她一臉殺氣騰騰，握拳捶桌。我印象深刻的畫面平息了我的痛苦，使我得以恢復冷靜。專注！我挺直身軀，朝漆黑的夜空高舉雙手，任由雨水打在臉上。「喬伊．瑞博漢，你已經鎮定下來了，快想。」我喃喃自語。「如果這是一頭牛的話，你會怎麼做？」我的大腦重新運作。

喬治在屋裡等待，一旁有一桶熱騰騰的污水和一名年輕男孩。「這是你要的水，多可塔拉，爸爸是這名男孩。」

「這是最乾淨的水？」我驚愕地問。

「對不起，多可塔拉，大雨把泥土沖進水井了。」

「孩子，你叫什麼名字？」

「我叫安德魯。」

「你多大了，安德魯？」

「下個月就滿十四歲了。」

「跟我來，坐在這裡靠著牆。」我轉向喬治要求更多的水。我把三袋輸液丟進熱水裡加溫，扶起雀兒喜，讓她坐到安德魯的大腿上。「我要你抬著你太太。」

「多可塔拉，你眞的需要我？我可以去幫你拿熱水，我眞的不想留在這裡。」安德魯抗議。

「我跟你一樣。」說著，我拿起止血帶和靜脈留置針。雀兒喜在休克狀態，要找到靜脈很困難，我在胸前畫十禱告後下針，出乎意料竟一次就中。我用膠帶固定好留置針，此時輸液的溫度已經微微高出一般體溫，我用最快的速度開始輸液，雀兒喜的脈搏變強，全身開始顫抖。我把注意力放在嬰兒身上。檢查過後發現，雀兒喜的子宮頸已經開了，寶寶胎位正常但擠不出產道。母牛太小而小牛太大，因此吃足了苦頭，似曾相識的情況。

我在點滴裡加入葡萄糖補充產婦體力，另外還有促使子宮收縮的催產素。我重新計算劑量，在觀察雀兒喜的反應之後，我有八成的把握——我百分之百做錯了。恐懼直竄背脊，我正要去拿更多的藥時，雀兒喜尖叫起來，使勁全力將嬰兒往外推，安德魯面無血色，差點昏過去。要正式來了。

「加油，雀兒喜，妳做得到。下次陣痛時，妳必須用力推，我會幫妳，但妳一定要推。」

「我不行，做不到，沒有用的。」她懇求。

「妳做得到——」

她再次尖叫，使勁地推，我抓著寶寶的頭搖晃，輕輕往外拉，成功拉出兩、三公分。生產果然累人，三十分鐘後，我大叫：「是男孩！」我用乾淨清爽的毛巾包住他，擦拭他的小臉，寶寶放聲大哭。「是個漂亮的男孩。」我把寶寶放在她的肚子上，用另一條乾淨的毛巾覆蓋住。安德魯昏死過去。

我知道臍帶有特殊的儀式要做，使轉身呼喚喬治。他坦承自己不敢面對這個場面，寧願到隔壁房間等。「叫接生婆進來，我們的部分結束了。」我說。接生婆從隔壁房間衝進來，立刻蓋住所有窗戶，把男人趕出去。

喬治和我各抓著安德魯其中一隻手，撐扶著逐漸甦醒的他到其他房間。我沒耗費多少體力，卻感到精疲力竭，虛弱得像隻剛出生的小貓。我虛軟無力地靠坐在牆邊，謙虛接受喬治和安德魯笑容滿面的致謝。

接生婆完成她們的工作，我們才得以回到房間。我檢查了一下雀兒喜的狀況，生命徵象良好，寶寶正心滿意足地吸吮母乳。等我拔除靜脈安置針，收拾好東西準備離去時，已經快半夜了。

「留下來過夜吧，多可塔拉，等天亮再走。」喬治說。

「謝謝你，喬治，但我情緒激動得睡不著，不如直接回家。保重，恭喜你多了個曾孫。」

沒完沒了的滂沱大雨使得路面更加泥濘難行，車子前進得比來時更加緩慢，快乾了的身體瞬間又濕透冰冷。

我狼狽不堪地騎在回家的路上，眼前又浮現母親坐在餐桌前的畫面，她正笑盈盈地啜飲著茶。有個女人懷胎九月生下你，她的一個擁抱、一個親吻就可以帶走你所有的痛苦，你該如何表達你的感激，感謝她爲你所做的一切？

謝謝妳，媽，我愛妳。

11 在邊界砲火中救治動物

我們在砲聲隆隆的邊境救治動物和人。
這是教育，短短幾天就累積足足一年的獸醫經驗。

「瑞博，你累了嗎？」傑夫問。

莫三比克政府軍和反抗軍在邊境開戰，戰況激烈，我們接到通知前來支援，馬不停蹄地急救受到波及的人和動物已經進入第三天。

「不會，傑夫，我應該還可以再撐十……不……是十五分鐘。你呢，累了嗎？」我問道，只想好好睡上十個小時。

「累死了，我從沒工作這麼操又這麼久。」

「沒日沒夜工作、吃炸螞蟻、烤老鼠和混入泥巴的玉米粉；沒有水可以消毒手術器具，更別說喝水或洗澡，窩在摩托車旁的地上睡覺。這怎麼叫做操呢？根本是該死的假期啊。」

「放輕鬆，瑞博。你一生氣，平常的犀利風趣都不見了。」

我每吸一口氣就多累一分。「還有多少動物在等？」

「最後一次數的時候還有八頭牛需要縫合，二十七頭牛隔離等待口蹄疫和牛結節疹檢查，另外還有十三隻虛弱貧血的動物和幾隻罹患不同疾病的動物。噢，差點忘了，還有五個需要急救的人。這邊結束之後，還得照料一下那邊。」

「當然只能說 chabwino（好）。先把那些人排進來，我縫好這個傷口之後就去治療他們；接著再繼續縫合。你先去找人協助照料那些貧血的動物，最後再來處理一般檢查和其他問題。你覺得這計畫如何？」我邊說邊洗掉手上的血跡。我全身髒兮兮，滿是泥污汗水，這雙手是我目前身上唯一乾淨的部位了。

我們開始照料需要急救的人，我不禁開始回想這一切的苦難是怎麼開始的。負責利帕利牛場藥浴池的動物技術員羅伯．莫尼通報莫三比克政府軍和反抗軍的戰爭綿延到馬拉威邊境，一小群莫三比克難民越過邊界尋求庇護，也需要獸醫。他評估最多只需要半天時間，傑夫和我認爲最能有效利用辦公室資源的方法，就是兩人一起騎摩托車去醫治受傷的動物，黃昏時就可以回家了，而那是六十個小時前的事。果然人算不如天算。

到了現場，通報裡所謂的一小群難民，其實是如潮水般湧入的人群，攜家帶眷，連動物都跟著來。

我們改採B計畫，傑夫丟下他的醫療用品，全速返回辦公室。他回來時，身後還有一台載有更多補給品的 Land Rover 休旅車，沿路還從藥浴池多拉了三名動物技術員。

這是十足的實作教育。治療動物的疾病、傷口和虛弱，短短幾天就累積了足足一年的獸醫經驗。這段時間，我目睹了人性殘忍的一面，幸好也有好的一面，不然我早就抓狂了。幾乎身無分文的人把身上僅有的給予了處境更艱辛的人，體格健壯的人幫助傷者——眞希望遠在威斯康辛家鄉的人能看見人性精彩的這一幕，他們絕對難以想像，至少我是如此。傑夫和我結束治療時太陽已經下山快一個小時了。

「我們還剩多少補給品？」我問傑夫。我們兩人正在收拾東西。

「桌上能看到的就是全部了。」

我一眼掃過去，桌上的幾罐藥空了大半，縫線材料也所剩無幾。「這次的小冒險快掃光我們的存貨了。」

「那還用說。你想現在回家，或是休息一下明早再走？」

「讓我想想，現在走的話，三個小時後可以回到家洗個熱水澡，吃頓熱騰騰的飯，喝點冰啤酒，睡在眞正的床上；或是留下來吃蟲子和齧齒動物，喝泥巴水，睡泥巴地。兄弟，我當然要離開這裡。」

我們迅速整理好行李，送走休旅車，做完最後一次巡視，給羅伯詳細的後續照料說明後，便揮手道別，踏上回家的路。家——這個詞聽起來眞是美妙。我早已累到無法動彈，但一想到家就能挺起精神繼續前進。

才騎上路三十分鐘，傑夫的摩托車就熄火了，用盡所有方法重新發動都徒勞無功。當晚回家的希望像落日餘暉般迅速消逝。

「該死，眞是好的一天好的結束。他媽的！只好推車到附近村子，在那裡逗留一夜。」我大吼，一腳踢起塵土。

「我不知道該怎麼說才好，瑞博，但下一個村子不會很好客。」

「你說什麼？馬拉威人不是全世界最熱情的民族嗎？旅客不是都會受到熱情的款待？這裡不是非洲溫暖之心嗎？」

「馬拉威在那邊。」傑夫手指著西方。

我愣了一下才意會過來。帶路的人是傑夫，他偏離了主要道路，換句話說，我們如今是在……噢，該死！

「我們離馬拉威多遠？」

「我猜大概六公里，最多十公里。」

我想要歇斯底里地哭喊狂笑。「要推車在黑夜裡走六到十公里也太遠了，路上說不定還有地雷。我們最好快走。」

我們平安無事地走過八公里，遠遠地可以看到某些村莊在燃燒，再加上不絕於耳的炮火聲，在在鞭策我們繼續前進。好不容易進入馬拉威，又得席地而睡了。當我們躺平時，風聲呼嘯而過三次，遠處隨即傳來爆炸聲。

「瑞博，你有聽到嗎？」

「當然。」我想辦法讓自己躺得舒服。

「那是什麼？」

「我的好友，那是閃過子彈的聲音——而且是真正的子彈。頭低著點，沒事的。晚安囉，傑夫。」

12 再度與死神拔河的小狗們

「多可塔拉，笨笨和跳跳一定得活下去，非活不可！就算要犧牲其他狗，也一定得救活跳跳和笨笨！」姆津巴大夫心急如焚地說。

「我明白了。」

我坐在辦公室的階梯上啜飲著茶，望著四周平日的喧囂，突然看見一名年輕男人從人群中跑過。這很不尋常，我思忖著。我在早期的服務期間學到一點：馬拉威人不跑步。九成的馬拉威人都是自給自足的農民，日出而作，日落而息，沒有人需要靠跑步來健身，光要吃飽就很勉強了，更不能浪費寶貴的精力在跑步上。

他們也不會因爲害怕遲到就急急忙忙趕路，可以說馬拉威人腦中根本沒有緊急的概念，過著彈性的非洲時間。在馬拉威擔任和平工作團志工的兩年期間，我最常聽到的字眼就是 pepani 和 mawa，也就是「對不起」和「明天」——更多時候是一句話就把兩個詞全用上。

如果有人在跑，只會被認爲是做錯事了。我聽過很多次同樣的故事，有個無辜的人在跑，結果被人指著大叫：「小偷！」其他人也紛紛大喊追人。萬一逮到了「小偷」，殘酷無情的街頭審判就開始了，有時還會導致死亡。

當我看到一群人追在年輕男人後面，我開始擔憂，還以爲他一定會直接衝進警察局尋求庇護，結果他視而不見，朝著我的辦公室直直跑過來。我在他靠近時認出他。

「傑夫！」我大喊。他正坐在桌前，跟某位當地農夫說話。

「怎麼了，瑞博？」

「有麻煩了。姆津巴大夫的助手往我們這裡跑來，後面還有一群人在追他。你最好去一趟警察局，我們可能需要警察的協助。」

傑夫瞄了一眼情況，立刻動身。兩分鐘後，亞伯滿身大汗、氣喘如牛地站在我身後，和前方那群人僅隔三公尺的距離。

「把小偷交出來，多可塔拉，我們要好好教訓他。」其中一人大吼，眾人起而附和，一時間聲音此起彼落。

雖然對方人多勢眾，但沒人逼近我或亞伯，我們現在能做的就是保持冷靜，等待警察。他們怎麼拖這麼久？

「多可塔拉，他們在靠近。」亞伯說。

我往下看，亞伯是對的。不知爲何，我一把抓住他的手，可能是怕他逃跑，或是怕自己逃跑，或是我們兩個一起跑。我想起和傑夫第一次牽手的時候，當時我們剛替幾隻牛產檢完，手牽手一起走回摩托車。在中非，手牽手走路象徵親密的友誼。我高舉緊握的雙手，指著亞伯，對群眾大喊：「朋友，這個人是我的朋友。」說這句話很難不讓人微笑啊，我笑容滿面地一再重申。

人群靜默下來，逐漸散去。當傑大帶著三名警察回來時，大部分的人已去各忙各的了。我對特地前來的警察致謝，他們同意逗留久一點，確保安全無虞。

一想到會被私刑處死，我兩腿發軟。我帶著亞伯回到辦公室，顫抖地跌坐在椅子上。「你是怎麼搞的？你應該知道那樣跑會惹來一堆麻煩。」

「是豹，多可塔拉。今天早上，有隻豹攻擊我們的牛，跳跳和笨笨趕走牠，可是也受傷了，到處都是血。姆津巴大夫派我來請你過去，還叫我用跑的。」

聽到這裡，我急忙動身。不久後，我已飛馳在路上，心中盡是不好的預感。即使踩足油門，也要三個小時才到得了，兩隻受重傷的小狗能不能撐那麼久還是個問題。

抵達姆津巴大夫家，只見他坐在小門廊前，笨笨頭枕在他的腿上，脖子圍了一條血淋淋的布。兩名助手壓住笨笨的傷口，另外二名助手則壓住跳跳的傷口。

我迅速檢查兩隻狗的傷勢，評估需要立刻施予何種治療。

「怎麼樣，多可塔拉？」姆津巴大夫輕聲問。

「很糟。」我一邊回答，一邊準備好兩袋靜脈輸液。「兩隻都休克，失血過多。你在這裡坐了一整天嗎？」

「是的。」

「我需要血，很多很多的血。我要你們村裡兩隻最大、最健康的狗。」

姆津巴大夫立刻派出兩名助手去找。

兩隻狗的血壓過低，有多處撕裂傷。我拿出所有止血鉗盡可能夾住出血的傷口，縫好傷口，再繼續處理其他傷口。在輸液的幫助下，狗狗的血壓上升了，新傷口也增加了。我的腎上腺素爆發，在笨笨和跳跳之間反覆來回夾住傷口縫合、夾住傷口再縫合，試圖止住血。

等捐血狗到了，我已經處理好所有主要的傷口，也幫兩隻狗施以完整的休克治療。笨笨和跳跳總算撐過來了。兩隻二十公斤的狗被帶到我眼前。

「這是這裡最大的狗？」我問道。

助手們點頭，我聽到有人說：「殺了牠們，取走所有你需要的血。」

說話的人是姆津巴大夫，他文風不動，輕撫著枕在他大腿上的笨笨。姆津巴大夫知道他的話嚇到了我。「多可塔拉，笨笨和跳跳一定得活下去，非活不可！就算要犧牲其他狗，也一定得救活跳跳和笨笨！」他心急如焚地說。

「我明白了。」我從兩隻大狗身上取走的血量雖不致死，但也差不多了。五個小時後，在來自燈籠的唯一光芒之中，我替笨笨縫好最後一針，想起身時才發現，自己的雙腳、後背和頸項都已僵硬得直不起來。

我抬眼看著姆津巴大夫。「可以請你的兩名助手來幫我一下嗎？我站不起來。」

「我來吧，多可塔拉。」我驚訝地看著他輕輕放下笨笨的頭，站起身，毫不費力地扶起我，彷彿不過才坐了幾分鐘，一點也不像動也不動坐了十四個小時的人。我花了好幾分鐘走來走去，舒展僵硬的身軀。

我收拾好準備離去。在最後一次確認四隻狗都情況穩定之後，我把笨笨和跳跳需要的抗生素和止痛劑交給姆津巴大夫，並交代如果村裡有多餘的肝臟或牛肉，可以幫助小狗們造血。

「我會好好照料牠們，你做得很好，這是你第二次救了牠們的命，牠們不會忘記，從此刻起，牠們會永遠守護你。」他說。

姆津巴大夫請我留下，但我婉拒了，接下來還有一整天的行程要忙，要是現在走的話，還有機會回家補眠幾個小時。我把東西放上摩托車，承諾過幾天會再回來探視小狗的狀況。

一路上，我腦海中迴響著那句話：牠們會永遠守護你。

13 保險套推行之困難

每次我提到愛滋病，得到的回應多半是 mawa（明天）。這個國家提到任何重要的事，都是明天再說。之所以如此，是因為這裡的人光是要撐過今天都很難了，沒有人會去想明天的事，也沒有人會去擔心愛滋病，因為那是很多個 mawa 以後的事。

在擔任和平團志工期間，我和科瓦札教會教學醫院的史帝夫·包恩醫師達成一項超棒的協議。史帝夫來自南達科他州平原，年約四十五，是個高䠷的金髮男子。原本預計被派來馬拉威兩年，結果十二年過去，他的任務尚未完成。

我們說好，我來醫院醫治員工們的寵物，史帝夫則負責餵飽我。這是雙贏的局面。醫院員工的寵物可以定期接受檢查，我也能吃到一頓足以讓自己撐一星期的午餐。

就這樣，在某次的午餐場合裡，一個嚴重的問題浮出檯面。史帝夫吃到一半，放下了刀叉。「非洲的愛滋病肆虐嚴重，就快惡夢成眞了，這個國家得加強愛滋病教育才行。我打算先在我們學校推出愛滋病教育課程，如果有用，就推廣出去，我想請你協助簡報及一些後續的訪談。你覺得呢？」

我咀嚼滿嘴的烤牛肉，琢磨著他的提議。我清楚愛滋病疫情急迫，史帝夫肯定不會想聽到我接下來要說的話，但我吞下食物，坦言：「史帝夫，我可以想見愛滋病將橫掃一整個世代，說不定還有下一代，但是，你是在打一場不會贏的戰爭。我很欣賞你的努力，但成功機率太低。除非死更多人，屍體堆到像姆蘭傑山那麼高，不然你不會有勝算的。」

史帝夫大爲震驚。「爲什麼那麼說？」

「史帝夫，你是虔誠的基督徒，可能看不慣我的作爲，但我幾乎每晚都在喬洛酒吧喝酒，有妓女相陪。我認識的大部分馬拉威人都非常淫亂，就算結婚也不忠實，沒有人認爲自己會得愛滋病，事實上，他們根本不在乎。」

我接著說：「每次我提到愛滋病，得到的回應多半是 mawa（明天）。這個國家提到任何重要的事，都是明天再說。之所以如此，是因爲這裡的人光要撐過今天都很難了，沒人會去想明天的事，也沒人會去擔心愛滋病，因爲那是很多個 mawa 以後的事。」

史帝夫醫師緘默不語，我等不到回應，便自行打破沉默。「對不起，我無意潑你冷水。」說著，我將馬鈴薯泥挖入自己盤裡。「但這是我看到的情形。可以請你把肉汁拿給我嗎？」

「你的意思是，我們連試都不要試？」

從他堅毅的下顎看來，我的話只會加強他的決心。我決定投降，願意幫忙。

三個星期後，十名卡車司機來到我面前，當中就有六名我熟識的男人，我因爲工作的關係去過他們的小農場，也一起在村裡的小酒館喝過酒。史帝夫選擇他們，是因爲他們的生活型態和工作內容屬於高危險群。我負責播放與講解一系列愛滋病發過程的可怕照片，這些照片來自史帝夫的某些前病患。愛滋患者會經歷體重減輕、身體瘦弱、臥病在床，最後死亡，所有人都不寒而慄。儘管我複習也看過這些簡報許多次，但看著每個病患死去依然令人心碎。課程結束時，每個人都心力交瘁。

簡報成功引起男人的注意，但能否長久改變他們的行爲？只能讓時間來回答了。接下來要討論的是預防。史帝夫醫師知道要讓這些男人改變性行爲是不可能的，他的目標在引導他們使用保險套。史帝夫鉅細靡遺講解保險套的使用方式，在發問時間結束後，發給每個男人一盒保險套，要他們在下次上路時使用。部分車隊要前往南非的港口城市德爾班，一去就是好幾個星期，在他們離去前，我們約好下次碰面的日期和時間。

所有男人如期準時出現，我們安排個別訪談，希望他們在私下的場合能更加侃侃而談。在訪談過後，每個人都把上次收到的那盒保險套，幾乎原封不動地退還給我們。

詢問他們爲何不用時，得到的都是相同的回答：減少快感、太過麻煩、不喜歡套住的感覺、不想做到一半停下來。我進一步詢問他們對「消瘦病」的看法，以及危險性行爲帶來的風險時，大家的反應如出一轍：我健康強壯，不可能會生病；我很小心，只跟沒生病的女人上床。有一、兩個人完全了解這個疾病及不設防的性行爲所帶來的危險，但他們也拒絕使用保險套，大家各自表述，總之人生就是要盡情享樂。

隨著一盒盒保險套原封不動退回，史帝夫的沮喪顯露無遺。就像我警告過他的一樣，儘管是預料中的事，我依然憂心忡忡。難道眞的要等到屍體堆積如姆蘭傑山，才能喚醒這裡的人民？光是想像就讓我不寒而慄。

「好吧，唐納，你還剩下多少保險套？」我問最後一名司機。

「不多，多可塔拉。」他把桌上的盒子推向史帝夫醫師和我。打開一看，只剩四個保險套，我們兩人神色爲之一亮。

「其他保險套都用掉了？」我興奮地問。

「這是一趟很棒的旅程。」他呵呵直笑。「要不是時間不夠，我可以用掉整盒，下一趟我會用光。」他笑容滿面地說。

「哇啊！其他司機都不願意用，可以說說你爲什麼用嗎？」我問道。

「在聽過你們解說之後，我嚇到了，還有照片裡因爲『消瘦病』死掉的人太可怕了，我不想那樣死掉。」

唐納是烏雲密布中的一道曙光，振奮了史帝夫醫師的精神。他重燃熱情，看得出來他接下來就要全力衝刺了。訪談結束，我問了唐納最後一個問題：「我們想讓簡報內容更有效，如果是你會怎麼做？要怎樣才能讓更多人使用保險套？」

「你們少提到一件事，我覺得很有用，如果你分享出去，使用率就會增加。」

「那是……」我問道，和史帝夫同時傾身向前，豎耳傾聽讓課程成功的關鍵因素。

「我發現，剪掉保險套末端再套上，做愛更爽。」唐納露出大大的笑容。

史帝夫和我跌靠回椅子上。我有種肚子被人揍了一拳的感覺，我相信史帝夫也是。

「謝謝你，唐納，你可以走了。」我說著瞄了眼史帝夫，可憐的他早已呆若木雞。

唐納從桌前起身問：「我可以再多拿點保險套嗎？」

「當然，桌上那幾盒你都可以拿，幾乎都沒用過。」我說。史帝夫點點頭，他已經累到說不出話。

「謝啦。」他塞了三盒到手臂下，走向門口。

我轉向史帝夫。「起步不順。」

「不順？根本是一團糟！」史帝夫離開座位，心煩意亂地來回踱步。

「好了啦，史蒂夫，這裡是非洲，改方法就好，別放棄。我去追唐納，在他離開前，我得糾正他使用保險套的正確方法，馬上回來。」

我在唐納走出醫院廣場前找到他，指正他的用法，他不在乎，甚至直說他可能不會再用了。我們約好等他下一趟旅程回來再連絡。

儘管機會渺茫，史帝夫依然堅持繼續他的愛滋教育課程。當我十五年後重返馬拉威，尋找我的馬拉威朋友、夥伴、熟人和前職員，有七成的人都走了，罪魁禍首就是愛滋病。

年邁體弱的老人家連自己都照顧不好，還得承擔照顧十幾個孫子的重擔。許多哥哥姊姊們看起來健康堪憂，還需照顧未成年的孩子們。

不知道堆積如山的屍體有多高，但光知道死亡人數還在攀升，就令我心痛如絞。

14 棋賽、賭金與勝利

她移動棋子，帶著前所未有的自信口吻，緩緩地說：「該你了。」我抬眼，只見她滿臉笑容，露出成排潔白的完美牙齒，那種笑容意味著「危險」。「看來我的麻煩大了。」

最後四星期，我得一天兩次地密集訓練露絲的棋技，可以想見非常疲累。訓練內容涵蓋開局、進攻、防禦、快棋、慢棋。

距離棋賽還有兩個星期時，露絲和我都只下完整的棋局，做全面的練習。有一次，我一邊下棋一邊處理文書工作，採取保守戰術，等待露絲失去冷靜露出破綻。棋局進行了四十五分鐘，從露絲緊繃的神情看來，她就快失去耐心，也是我出手的時候了，然而露絲出奇地自制，使得棋局繼續下去。她移動棋子，帶著前所未有的自信口吻，緩緩地說：「該你了。」

我抬眼，只見她滿臉笑容，露出成排潔白的完美牙齒，那種笑容意味著「危險」。我的視線移往棋盤掃視前方的棋子時，也忍俊不禁。「看來我的麻煩大了。」

露絲歡呼一聲。

「等等，棋局還沒結束。別分心，說說妳的看法。」

「在我看來，如果你移動明顯的棋，我再四步就可以將軍，明顯的棋是錯的，但如果你走正確的棋就會失去皇后，我將佔盡優勢。」

「搞什麼……！」我靠回椅背。戰況岌岌可危，我卻感覺很好。我移動正確的棋子，輸掉了我的皇后，露絲眉開眼笑地從棋盤中取走我的皇后，當她說出「將軍」，那眞是值得紀念的一刻。

我把工作擱在一旁，全神貫注在棋局上。

我的神情嚴肅。「妳刺激到我了，一隻被激怒的動物是極其危險的。從現在起，妳必須謹愼冷靜，保持專注，懂嗎？」

她收起笑容，了然於心地點點頭。棋局繼續，我從保守轉爲大膽。在露絲走完她的棋後，我一把抓起棋子，砰地一聲放下，這個動作驚嚇到露絲。我盯著她出手，在她縮手後立刻抓起另一個棋子移動，露絲遲疑不決地咬著下唇，苦思下一步。

「停！」我抓住她的雙手。「露絲，看著我。」她快哭出來了。「深呼吸，放輕鬆。」我溫和地微笑。「好多了。妳原本有機會贏，卻錯過了，怎麼了？」

「你嚇到我了，你的表情……看起來就像個瘋子。還有你下棋的方式——出手那麼快，我好緊張。」

「沒錯，妳一緊張就無法好好思考。看好，我現在要重走前五步，換妳了。妳還記得妳是怎麼下的嗎？」

「記得，我把主教從這裡走到這裡。」她移動棋子。

「爲什麼？」

「我怕被攻擊，讓主教回來保護國王。」

「那正是我要說的，妳怕被攻擊就做出回應，沒去想接下來的第二步、第三步和第四步。」我把她的主教移回原處。「我要妳再多看一眼棋盤，慢慢來，看仔細。」

她停頓片刻，接著神情一亮。「我可以在四步之內將軍。」她興奮地說。

「做給我看。」

她漂亮地移動她的騎士，四步之後，我果眞被將軍了。

「妳贏了，看到沒？妳打敗我了！恭喜！」我起身伸出手。

露絲略過我的手，像隻獵豹撲到我身上，大大擁抱我。「謝謝你。」她開心地說。

「不客氣，從現在起，我會全心全意和妳對弈，妳是很棒的對手。」

這一局是露絲重要的轉折點，她搖身一變成爲強勁的敵手。在和泰德對弈的前一晚，露絲和我的第二局進行了一個小時，前晚和今晚的第一局都是打成平手。我是白棋，走完這一步後，我一邊打量棋盤一邊等待露絲出手。

「你爲什麼要放水？」她問。

「妳在說什麼？」

「別開玩笑了，你明明看到了。」

「看到什麼？」我審視棋盤。「在我看來，我的戰術發揮得很好，現在微幅領先。

我是說眞的，繼續吧。」

露絲聳聳肩，來回連下三步後，輪到我了。我看著棋盤呆了，我完全被她困住了，幾分鐘過去，我兀自思考對策，沒一條路可以逃過被將軍的命運。

我抬起頭，露絲正蓄勢待發。「妳贏了，下得好！」她從椅子上一躍而起，欣喜若狂地跳來跳去。「姑且玩到底分出勝負吧。妳還要幾步才能將軍？」

「四步！」她自信滿滿地說。

「跟我想的一樣。」

一如預期，四步之後，露絲移動棋子，說：「將軍。」

我起身恭賀，雙方都笑容滿面。「恭喜——」話才說到一半，她就哭著撲向我。

「等等，妳哭什麼？應該高興才對啊！」

「我太高興，只好哭了。」她說。

「妳眞是個有趣的女生。」我喜不自勝，得意得連自己都流淚了。

時光飛逝，終於到了對戰日。我吩咐露絲，在棋賽開始前不要再碰棋盤或棋子，自己則在賽前提早半小時去勘查現場。酒吧內人潮擁擠，正中央的桌上擺了張棋盤，一切準備就緒。

「感覺怎麼樣？」副縣長布萊恩問。我跟他對弈多次從未贏過，露絲的對手泰德·可摩機靈地跑去向他求教。

「老實說，我很緊張，但要下場的人又不是我！」我踱來踱去。

露絲和南西準時出現，在寒暄之後，我牽起露絲的手，直視她的雙眼。「上場吧，保持冷靜，不管局勢多糟都不要慌張。去打敗他，祝好運！」我們緊緊互握之後，露絲走進酒吧，立刻受到熱烈歡迎。布萊恩和我搬了張桌子到前門外坐下，另外擺了張棋盤，透過其他人回報重現屋裡的棋局，如此，即使沒有在旁觀賽，也能綜觀全局。

兩分鐘後，南西出來做第一次通報。「泰德伸出兩隻手讓露絲選，她點了他的左手，打開來是黑卒。露絲是黑棋。」

「Zikomo（謝謝），南西。下次妳出來報告露絲的第一步棋時，可以順便幫我們帶兩瓶啤酒來嗎？Zikomo。」我說。

我旋轉棋盤，把黑棋轉到我這邊。布萊恩根據馬克．岱札的回報，重現泰德的第一步棋。兩分鐘後，南西拎著兩瓶啤酒出來，同時報告露絲的第一步棋。我把一瓶酒遞給布萊恩，跟隨露絲移動第一個棋子。「乾杯。」我對布萊恩說，一口乾掉半瓶酒。

「乾杯。」布萊恩比照辦理。「謝謝你的啤酒。」

「如果一切順利，就得感謝泰德．可摩了，我已經請伊萊算在賭金內了。在其他人來搶之前，我們先分一杯羹吧！」

露絲走完第七步，我和布萊恩也喝到第三瓶。我端詳棋盤，泰德的每一步都經過謹慎計算，布萊恩調教有方啊。

「誰會贏呢？」布萊恩問。

「露絲。」我胸有成竹地答。

「什麼?!」他大叫。

「我就知道會激怒你。」我呵呵直笑。

「說真的，到底誰有勝算？」布萊恩問。

我再次打量棋局。「照這樣看是勢均力敵，很有可能纏鬥三個小時，但我不認為他們兩個人有辦法撐那麼久，就看誰先累到犯錯。問題就在另一個能不能搶得先機，只能等著看了。」

一個半小時過去，仍看不出哪一方有明顯優勢。泰德多次發動攻勢，全被露絲擋下。如果是我，就會採取強硬的防守，但露絲倒也一路穩紮穩打。泰德持續精準進攻，露絲則謹慎防衛。

隨著棋賽的展開，棋局變得有點眼熟，我總覺得在哪看過這盤局，但就是想不起來，尤其在六瓶啤酒下肚後就更難了。馬克出來報告泰德最新的棋步，布萊恩走棋的那一刻，我恍然大悟。泰德跟那一晚的我一樣，正一步步走進露絲的陷阱裡，她只要迫使泰德移動一個小小的兵，他就逃不掉了。

我在腦海中模擬將主教移動到危險的地方，這是一步險棋，但如果泰德上鉤，他會出動那枚兵來威脅主教，重蹈我之前的覆轍，露絲就能在七步之內擊敗對手。我思索泰德能突圍的每一條路，都是死路一條。

「加油，女孩，妳做得到！」我喃喃自語。最後，南西出來了，她描述棋步。「妳確定？」我問。

「是的，多可塔拉。露絲還做了另一件事。」

「什麼事？」我問道。

「她看著我微笑。」

我移動棋子，跌靠回椅上。「老人，她做到了，她快贏了。」我難掩內心的興奮。

「你自己看看吧。」我對布萊恩說。

三步棋之後，布萊恩說：「媽的！泰德完蛋了。這是你教她的嗎？」

「我很想說是我的功勞，但不是，是露絲自己。」我眉開眼笑。

四步棋之後，我們聽見她大喊：「將軍！」群眾歡聲如雷，撼動整間小酒吧。南西高舉露絲的手，泰德鼓掌，和在場所有人一起歡呼。

「各位先生女士，請聽我說！」我從酒吧後方大喊。「謝謝大家今晚的參與，也要恭喜兩位棋手，這是一場很棒的棋賽，你們都要爲自己感到驕傲。」更多的掌聲和歡呼。

「接下來有五箱啤酒是算在泰德的帳上，讓我們爲泰德歡呼。」另一陣歡呼聲響起，伊萊迅速地發送啤酒，我再次呼喚眾人的注意。「我手上有給伊萊買五箱啤酒的賭金，爲了慶祝露絲和她的勝利，我要還給伊萊，這樣大家就有十箱啤酒可以喝了，乾杯！」

小酒吧再度歡聲雷動。布萊恩和我各拿起四瓶酒從後門溜了出去，在樓梯上盡情暢飲，屋裡的派對火熱，有音樂、歌唱和舞蹈。這是露絲榮耀的一刻，她沉浸其中。這是所有人的美好時光。

露絲獲勝的隔天早上，她在辦公室階梯上等我。「早安，多可塔拉。」她整個人容光煥發。

「早安，冠軍。一大早就到處走動啊，來吧，進來喝杯茶。」

「Zikomo，教練。」

「說來聽聽，成爲喬洛酒吧有史以來第一名西洋棋冠軍，感覺怎麼樣？大獲全勝的滋味如何呀？」

出乎意料，她收起笑容，垂下眼，變得異常沉默。她若有所思，我只能靜待她的回答。

「你知道這個國家的男人想娶怎樣的女人嗎？」

我丈二金剛摸不著頭腦，只能給出自己能給的最好答案。「我想他會找一個努力工作，還能生很多小孩的女人。」

「Ndithu。」沒錯。她雙唇顫抖，深吸口氣後說：「我結過婚，我努力工作，但沒辦法給丈夫很多小孩。有一天，我從田裡工作完回家，發現我的行李都被丟到門外。你知道這代表什麼意思嗎？」

「妳丈夫要跟妳離婚。」

「是的，我丈夫想要小孩，但窮到娶不起第二個妻子。誰能怪他？不管女人有多聰明漂亮或辛勤工作，有哪個男人會要一個不會生的女人？沒有。我的人生從那天起就結束了。」她說。

我無話可說，只能沉默，替她感到心痛。

露絲接著說：「我覺得很羞愧。我家很窮，不想增加家裡的負擔，所以我就拿了一點點錢，能走多遠就多遠，最後以酒吧女郎維生。我不再屬於任何人，卻被所有人使用。」她低垂視線，靜默半晌後，抬頭望著我，淚水滑落臉頰。「你覺得我是個什麼樣的人？」

「我認爲妳是一個好人。」說著，我把手帕遞給她。「溫柔又有愛心，不幸踏入一個危險的職業。我認爲是妳在帶領其他酒吧女郎，她們仰賴妳的指引。妳把她們當家人，照顧並關心她們，事實上，妳就是一家之長。如果換個時空背景，現在坐在這個位置上的醫師說不定就是妳，或者是在地方醫院裡照顧病患的護理師，也可能是喬洛小學的老師。妳可以自豪的地方很多，一點也不需要覺得羞愧。」

露絲破涕爲笑。「沒想到一個來自遠方的 mzungu（白人）瘋子，會看到在這裡生活一輩子的人看不到的事。多可塔拉，多虧有你，我才能在男人的比賽裡，用自己的頭腦打敗男人。在這場勝利之前，我和姊妹們比起被人踩在腳底的泥土還不如。酒吧女郎沒有未來，但現在共享勝利，可以抬頭挺胸驕傲地活著。你問我成爲冠軍的感覺、大獲全勝的滋味，這就是我的回答。既然你知道了我的出身，也就知道我是怎樣的人了。」

她的表白令我感動。「露絲，能認識妳並成爲妳的朋友是我的榮幸。」

她燦笑盈盈，指著桌上的棋盤。「這是好遊戲，男女生都可以玩，沒有人比較佔優勢，也能讓人三思而後行。在馬拉威，光是活過今天都不容易了。我認爲該讓更多小孩來學這種遊戲，你覺得呢？」

「我同意。」

「那好，我想去教小學的孩子，需要你幫我拿到更多棋盤和棋子。」

「妳需要多少？」

「十組。」

「十？」

「是的，十組。這樣就能同時指導二十個學生了。我需要十組。」

我靠回椅背，斟酌十組棋盤的價格。

露絲繼續推波助瀾。「是要給孩子們的。你在這裡住了那麼久，應該也知道馬拉威的生活會磨滅一個人的夢想。我知道這樣一來你得少喝好幾瓶酒，但酒帶來的滿足不會長久，而你的禮物會持續帶給孩子歡笑和希望。」

「好，不要再讓我內疚！我會給妳十組棋盤。」

「Zikomo。」她跳起身，雙膝跪地以示敬意。

「希望妳和其他女生別再這麼做了。」我扶她起身。「我得去工作了，這樣才有錢幫你們買棋盤。待會兒見，冠軍。」說完，我牽著她的手，護送她往門口走。

我們手牽手走近門口。露絲說：「我從沒牽過男人的手，你說我是你的朋友，並不是在說笑的，對吧？」

牽手走路象徵真摯友誼，在喬洛和姆蘭傑這種鄉下地方，是不可能看到男人和女人牽手走路。女人要尊重男人，永遠走在男人後面，而非並肩而行，這就是這個地方的生活方式。

「我不是在說笑。」我最後一次緊握她的手後放開，在我的視線之中，她抬頭挺胸，輕快地向前邁步。

我心裡想著：她說得對，西洋棋的確是好遊戲。

15 只需要寫個「I」，我就能打勝仗

我轉身站起，挺起胸膛當眾展示，現場驚呼連連。我的胸膛中央有一個以血紅色圓圈圍住的「I」，這是丹．艾納巴達威醫師的記號。

三個月前，我開始到市場實施肉品檢測計畫，過程不是很順利。我站在市場中央，被十幾個手拿利刃的肉販團團包圍，每五具屍體就有三具檢查出染上肺結核。來做這份工作的人，如果不是太勇敢，就是太笨。我有好幾次發現自己渾身是汗，暗中祈禱下一隻動物會過關。

每當我檢測出有問題的動物時，肉販會毫不客氣表達他們的情緒，大部分的人會氣得跳腳，扯著嗓子大聲嚷嚷，揮舞刀子激動狂罵。我已經學會面對這種狀況最好的方法就是保持冷靜，並隨身攜帶一把大刀。我設法壓抑怒火，但總有被逼到崩潰的時候，這時大家才發現，我揮舞刀子抓狂大罵的本事一點也不輸任何人。

肉販知道威脅不了我，轉而尋求魔法。他們湊了一筆錢，用抽稻草的方式決定誰去找艾納巴達威醫師——可憐的法蘭克．菲爾抽到最短的稻草。我事後得知，艾納巴達威

醫師聽到他們希望置我於死地，氣得對法蘭克．菲爾下了咒。法蘭克和另外三名肉販必須設法活過這個星期，沒人敢再提起魔法。

想靠魔法卻偷雞不著蝕把米，肉販改而賄賂我。眞是太侮辱人了！說是賄賂，拿出來的東西也太少了。我不怕威脅，因爲好友的關係還可以閃過咒術，但想便宜收買我就大錯特錯了，那只會加強我的好勝心。

戰爭又持續了三星期，肉販不停把染病的動物送進市場，我則不斷檢驗沒收。沒收的動物愈多，大家的怒火愈旺，我也不遑多讓。在每週一次的市場裡，唯一的改變似乎就是觀眾了，愈來愈多人跑來看火冒三丈、揮舞大刀的男人。

在市場肉品檢測的前一天早上，我有種奇怪的預感，內心有道聲音要我去找丹．艾納巴達威醫師。因此吃過午餐後，我出發前往他家，沒有事先告知，但他已經等在那裡迎接我。

「你來晚了。」他握著我的手說。

「你又不知道我要來，怎麼說我晚了？」

「我整個早上一直在呼喚你，你沒聽見嗎？過來坐，喝杯茶，我再來解釋。」他領我來到一棵大芒果樹下，桌椅已經擺設好，茶也準備就緒。「明天市場會有麻煩。」說著，他遞給我一杯茶。

「怎樣的麻煩？」我問道。

「嚴重的大麻煩，讓我不得不事先警告你。我擔心我兄弟的安危。」

我喝了口茶，腦中閃過一些討厭的畫面。「有什麼建議嗎？」

「事實上，我有個計畫。有一定的風險，但我反覆思量，這是你最好的選擇了。」

我洗耳恭聽丹．艾納巴達威醫師的點子，他問：「你覺得如何？」

「好是好，但如果出了岔錯，有補救措施嗎？」

「一個聰明的跛子會撐在牆上跳舞。多練習拿刀幹架吧。」他提議。

三次市集下來，我和肉販之間的衝突已白熱化，隔天早上，市場擠滿了一群等著看好戲的群眾。肉販接連把小牛送來檢查，我逐一檢查活牛，接續肉品檢測，結果出乎意料，每隻都健康良好，通過了檢測。雙方互動有禮，專業以對，圍觀群眾大失所望。我的苦口婆心沒有白費，這段日子的辛苦總算有了回報。

正當我懷疑丹．艾納巴達威醫師的預言不會成眞，最後三名肉販把一隻瘦弱的牛帶到我眼前，我的心爲之一沉。

「男士們，你們的牛看起來不太好，通過檢測的機率很低，建議你們不要送進市場賣。」

三個男人鐵青著臉，打死不退，執意要我檢查，現場氣氛一片僵滯。屠宰過的牛準備就緒，我逐一查看，如我預料，在檢查完最後一具牛的軀體後，我宣告全都得丟進坑裡。

「不是今天，多可塔拉，這是你最後一次沒收我們的牛，今天得丟進坑裡的是你！」泰勒．恩柯馬口沫橫飛地大吼，一旁的兩名肉販雙手把玩著大刀，刀在他們手上彷彿是活的。

丹．艾納巴達威醫師預言的一刻來了。群眾退避三舍，三名肉販和我宛如競技場上的戰士針鋒相對，大家一動也不動，空氣彷彿爲之凝結。

丹．艾納巴達威醫師擬定計畫，經過反覆練習，我已做好準備，雖然是有備而來，但我仍有選擇。我站在原地，兩手緩緩把玩著自己的刀。情況很明顯了，我的左上唇開始顫抖。

我心中冒出人類最原始的直覺：打或跑。類似的情況，我生平遭遇過三次，每次都只能訴諸暴力，看來今天也免不了了。

「笨蛋！」我大叫，把刀瞄準每一個男人。「你們以爲可以傷得了我嗎？」我趾高氣昂地走向裝滿廢棄動物血液的木桶。該是使出絕招的時候了。我轉身背對肉販，脫掉上衣，傾身從木桶舀起凝結的血液淋到手臂上，血液飛濺到我的肩膀和胸膛，感覺得到血從背後滑落。我轉身站起，挺起胸膛當眾展示，現場驚呼連連，我往前一步，大夥兒直直往後退。我的胸膛中央有一個以血紅色圓圈圍住的「I」，這是丹．艾納巴達威醫師的記號。

「來啊，把我丟進坑裡啊！」我嘲弄道。「把我扔進坑裡之後，我以丹．艾納巴達威醫師的記號爲誓，我會成爲你的夢魘！等你醒來，在坑裡的人會是你，陷在你帶進市場賣的腐爛肉堆裡，嘴裡塞滿蛆，讓你想叫也叫不出來。來啊，笨蛋，來打啊！」我狂笑，走向前迎戰，腎上腺素飆升，心跳血壓上升，隨時準備砍人。我驚人的演出帶來好醫師預期的效果，肉販夾著尾巴跑了，圍觀的人爭先恐後逃離市場，現場陷入混亂，但混亂得好。丹・艾納巴達威醫師拯救了這一天。

我衝進科帕卡巴納賣酒店，傑夫已經帶著肥皂、水和換洗衣物等著我。幾分鐘後，我回復原本模樣，隨即走爲上策，留下傑夫收集情報。

三小時後，傑夫回到辦公室。「事情怎麼樣了？」我問道，口吻比想像中輕鬆。

「天翻地覆！你嚇壞所有人，大家議論紛紛，覺得你眞的瘋了。你也知道我們非洲人是怎麼對待瘋子的，我們會躲開他們，不看他們、不跟他們說話、不跟他們扯上關係。他們是碰不得的。」

傑夫接著說：「要是被農夫聽到且當眞的話，你休想再踏進農場一步了。大家都在說市場被詛咒了，得關掉才行，話傳到村長和酋長那裡去了，事情還沒結束。」傑夫抓狂了。

「傑夫，放輕鬆，冷靜一下。你仔細想想，首先，沒有人受傷。第二，我們再也不用擔心泰勒・恩柯馬那夥人來找麻煩，或是想把生病的動物送到市場上賣。第三，丹・艾納巴達威醫師站在我們這邊，他預料到會發生這種事情，要我們別擔心。我們現在要做的，就是保持冷靜，耐心等候，問題自然會迎刃而解。」

「但願你是對的。如果這一帶只剩我跟碰不得的 azungu（白人）瘋子是朋友，傳出去可不好聽。」

一個小時後，我跟酋長一起喝茶。一番寒暄後，他開口道：「我有個大問題，多可塔拉，我需要你的協助。聽說市場被詛咒了。我擔心的是市場的位置，現在沒有別的適合點，市場需要原地經營。我該怎麼做到這點？」

「相信你也知道我今天早上被威脅了。」他點頭。「如果要讓市場繼續營業，就得一勞永逸解決肉販和我之間的緊繃關係。幾個星期前，我請你命令肉販遵守我的要求，不然就將他們從市場趕出去，爲了你們族人的健康著想，我懇求你採取行動，但你拒絕了。現在做的話，市場就能一如往常地運作。」

「明天中午我會在市場召開會議。」酋長說。

「我會到的。」

「Zikomo（謝謝），多可塔拉。你可以同意我一個小小的要求嗎？」他問道。

「當然。」我回答。

「可以掀開衣服讓我看看你的胸口嗎？」

我緩緩掀開上衣，酋長後仰著身，斜過頭瞇起眼，彷彿我的胸口會射出一道閃電，直到看見我光滑無瑕的胸膛，他才鬆了口氣。

隔天中午，我依約前往市場。除了肉販，還聚集了一大群人。酋長要我自掏腰包買一桶兩百升的自釀啤酒請眾人暢飲，沒想到這招還眞的有用。酋長一看到我，便催促我站到人群中央，遞給我一大瓢啤酒，示意群眾安靜。「任何肉販皆不得違背多可塔拉的命令，否則將被禁止出入市場販售肉品。」他宣告，會議結束，問題解決。不一會兒，肉販跑來跟我握手，彷彿跟我是久違的好友。

之後，市集日的動物不合格率大幅降低，趨近於零。隨著時間流逝，我小心翼翼推動另一個改善：公共衛生是我的下一個目標。

「如果掉到地上就洗一洗。把蒼蠅趕走，客人才能看出那是塊肉。蛆是很營養，但也很不衛生。肥皂使用前要先拆掉外包裝才有用。要洗手、洗桌子、洗刀子，然後再洗手。洗、洗、洗、洗！」

成果不彰得令人沮喪，就在我心灰意冷之際，我經過葛洛佛・卡帕尼的攤位，停下了腳步。他的肉乾淨地躺在桌上，看不到任何一隻蒼蠅。

「太感動了，你是怎麼趕走肉上的蒼蠅？」

「你一直說蒼蠅會帶來疾病，我就找到一個趕走牠們的方法，看好。」他得意地從桌下拿出一罐殺蟲劑，噴灑桌面、肉和整個區域。

「怎麼樣啊，多可塔拉？」他喜孜孜地說。

「我覺得啊……」我從他手裡拿過罐子，研究了一下，大部分是已開發世界禁用的成分。「很聰明，但省點錢，別拿來噴肉，就讓蒼蠅去吃吧，建議每個客人徹底煮熟就好。Chabwino（好嗎）？」

「Chabwino（好），多可塔拉。」他難掩失望。

我搖著頭離去，腦中首先浮出那句 pongono pongono（慢慢來），接著是 pepani（對不起）和 mawa（明天）。

PART 3
非洲教我的人生智慧與課題

16 與巫醫的哲學思辨：敵人、朋友與快樂

「在松巴監獄那段時間，我訓練自己成為一個快樂的人。我必須成為囚犯才能尋得真正的自由。天天看著人們終其一生追求快樂卻一無所獲，只覺可悲。真正的快樂其實就在這裡。」姆津巴大夫敲敲胸口，那是心臟所在位置。

我和姆津巴大夫的友誼隨著每次的造訪而加深，和他對話開闊了我在威斯康辛州建立的人生哲學觀。老天，我要學習的地方還有很多，而他是個明師，溫柔地詢問、引導我的方向，不知不覺打開我的視野，是個神奇純樸的老人。

有一次，我們喝茶聊天，我當時因爲剛在喬洛陡崖村落工作了三天，全身痠痛，疲憊不堪，頭也隱隱作痛，只想好好休息。

「多可塔拉，告訴我，你最感謝的是你的朋友，還是敵人？」姆津巴大夫問。

「現在一定要談這個嗎？姆津巴大夫，可不可以談談天氣就好？」我實在不想現在探討深度的哲學問題。

「我們可以談論天氣，但不會因此影響天氣，但是你……」

看來他執意要得出答案。「好。」我打斷他的話。「我更感謝我的朋友。」

我的回答是個開端，掀起涵蓋同理、憐憫、愛和痛苦的價值討論。姆津巴大夫巧妙地將討論導向有力的結論：強化一個人愛與憐憫能力的不是朋友，而是敵人。

我不以爲然，姆津巴大夫感覺到我的抗拒。

「把你的想法告訴我。」他要求。

我嘆口氣，精疲力竭之下衝口而出：「我覺得住在這座山上當聖人很簡單，但在現實世界太難了。」

「我同意。」他從椅子上起身，背對我掀起上衣，露出傷痕累累的後背。我的疲勞一掃而光。

「我很抱歉。」我爲自己傲慢的發言感到羞愧。「冒昧請問發生了什麼事？」

姆津巴大夫凝視夜色，緩緩道來。在終身總統海斯廷斯．卡穆祖．班達閣下①掌權不久後，姆津巴大夫家和鄰居陷入土地糾紛，當時，他是聲名大噪的大夫，眾人眼中黑白通吃的人。他的語氣裡對這個結果滿是悔恨。

那是馬拉威的黑暗時期。班達爲了統一勢力，不分青紅皂白剷除異己。姆津巴大夫的鄰居舉報姆津巴大夫暗中計畫對新總統施行黑咒術，就這樣，姆津巴大夫遭到逮捕，背部的傷痕充分顯示他所受的刑求。

① 終身總統海斯廷斯．卡穆祖．班達閣下（His Excellency Dr Hastings Kamuzu Banda），非洲獨立運動領導人之一，著名的獨裁者，在掌權後，自封為終身總統。

聽到其他人被刑求的哀號，聽到他們徒勞無功地懇求赦免，聽著一聲聲痛苦的號叫，他難以忍受，心裡明白下一個受苦哀號的人就會是他。囚禁於黑暗，飽受凌虐，在他自己認知的四天之後，他崩潰了，只要能讓他們住手，他什麼都願意招供。他俯首認罪，被判二十年徒刑，在松巴監獄服刑。牢房裡人滿爲患，囚犯必須背靠背睡覺。瘧疾和痢疾時有所聞，但不提供醫療照顧；所有犯人因爲腳鐐所害，腳踝皮開肉綻。體重從進來的第一天就開始下降，餓肚子是家常便飯。

囚犯每早要到岩堆報到，整天敲碎大岩石，黃昏時回到監獄時總會少了些人。每天都有新囚犯來取代死人。

被逮捕之前，姆津巴大夫活得意氣風發。他告訴我，他的自尊創造了他一手掌握的現實，然而那只是假象，而他的傲慢導致自己身敗名裂。身陷囹圄、被奪走所有力量、支配和驕傲，將他眞正的敵人帶到他面前——也就是他的自尊。掙脫了自尊，他解放了神聖的一面，他眞正的自我。周遭都是眼露鄙視的人，他一有機會就表現憐憫，用有限資源照顧需要醫治的囚友。

每天早上，姆津巴大夫會重申自我許下的承諾：他會活下去，等到獲釋那天，他的天賦將只用來行善，侍奉神明。承諾強化了心靈力量，使他得以撐過飢餓和虐待，儘管絕望，仍在人與環境中尋找良善的一面。

在那個暗無月色的夜晚，姆津巴大夫給了我觸及心靈的智慧。自尊是愛的敵人，是痛苦與掙扎的來源。自尊是內在的敵人，蒙蔽一個人的雙眼，看不見也察覺不到眞實自我。自尊利用傲慢遮蔽了一個人神聖天性，透過謊言讓他或她相信這就是自己，藉此監禁所有人，如果不這麼做，自尊就會失去掌控，不復存在。

大家都說撒旦是大騙子，那麼自尊就是在他右邊的惡魔。我常覺得自尊才是大騙子，創造了撒旦這個代罪羔羊來轉移大家對它的注意，撒旦成為眾矢之的，自尊持續作為愛的隱形敵人。

「多可塔拉，多年後，你將面臨牢獄之災，那會是極為痛苦的時期，我為你感到心痛。自尊的欺騙和背叛增加你的痛苦，結果如何不得而知，但求你能尋有所獲。」說著，他轉身來輕拍我的頭。

姆津巴大夫一席話讓我心中五味雜陳。我信仰基督，從小到大是個虔誠的天主教徒，雖然有些改不掉的毛病，但自許是個還不錯的人。但以姆津巴大夫的經驗來說，我的心靈顯然是停滯不前的。

姆津巴大夫彷彿看穿了我的心思——絕對是。「別太自責，孩子。此時此刻你來到此地是有原因的，離你要去的地方還很遠，別害怕，享受每一步。這段旅程沒有目標。我是個老人，仍在旅行，重點是繼續動，每天至少跨出一步，你就能發現，每一步都引導你更接近上帝。懂了嗎？」

「我想是吧。」我回答。

「很好。現在我想談談我另一個擔憂，關於你喜樂的程度。」現在的我願意追隨他到天涯海角。

「我喜樂的程度？」

「是的，我預見極大的困境。你給我的報紙、雜誌和書籍讓我相信，你的世界非常擅長隱藏苦難和不滿。」

「不好意思，我不太明白。」

姆津巴大夫談起美國未來將面臨極大困境，忽視飢餓、貧困、無家可歸等等很糟的事，也無法解決。便利的生活讓我們輕易忽略掉所有不便，我們成爲環境的主宰，炎熱的地方變得涼爽，寒冷的地方變得溫暖，黑暗的地方被點亮了光芒。水電設備縮小了不便，最終，我們成了吃不了苦的人。

逃離苦難不等同追求喜樂，經歷痛苦才能得到快樂，才能逆來順受，刻苦耐勞。姆津巴大夫深恐多數美國人遺忘出身。我們的祖先篳路藍縷，深諳痛苦與磨練是人生的一部分，如今，我們解決了所有可能的痛苦。

「恐怕你們族人已經變得軟弱。」他說。

我當下第一個反應就是反駁，替「我們族人」和我們的生活方式辯護，想要證明我們並沒有變得軟弱時，我想起祖父母說過的許多故事。他們度過美國史上最黑暗的時期之一——經濟大蕭條，每當談起過去，他們最常掛在嘴邊的話就是：「我們很窮，卻很快樂。」

這麼一想，愈發覺得姆津巴大夫是對的，我沒來得及說出口，他打岔：「請別覺得我的話冒犯了你。在松巴監獄那段時間，我訓練自己成爲一個快樂的人。我必須成爲囚犯才能尋得眞正的自由。天天看著人們終其一生追求快樂卻一無所獲，只覺可悲。眞正的快樂其實就在這裡。」他敲敲胸口，那是心臟所在位置。

就像訓練一名運動員，姆津巴大大指導我積極自我訓練，成爲一個更快樂、更能接受磨練的人。他擔憂西方消費主義使我們盲目追求物慾，卻忽視內在眞正的需求。無止盡的索求、不停地比較誰擁有更多，帶來的只有不滿、嫉妒和不幸。我們必須極力避免踏入這個陷阱，最好的方法就是去看那些比我們更爲不幸的人，俗話說得好：「我因沒鞋而哭泣，直到我遇到連腳都沒有的人。」清心寡慾，不去想自己缺少或想要的東西。倘若遇到困境，心生不滿，我們能做的，就是想想那些更爲艱困、擁有更少的人。日復一日訓練，心靈自然知足常樂。在馬拉威，要找到更爲不幸的人並不難。

和姆津巴大夫交談後不久，一名敵人給了我強化愛與憐憫的機會。當時傑夫和我正在摘除一隻罹癌、四公斤重狗的脾臟，吉兒從角落探頭進來。

「抱歉打擾了，瑞博醫師，但亞提太太堅持要見你。她心情不好，我請她在我的辦公室等，但我不知道還能拖住她多久。」

亞提太太心情好時是個普通的奧客，心情不好時是難搞的大奧客。她和她的丈夫是「賓士汽車族」[1]，非洲最有力量的部族，勢力從開羅延伸到開普敦。賓士汽車族多數是高階公務人員家庭，總是開著新賓士車，一眼就能被認出，深信有錢才能生存。

---

[1] 賓士汽車族（Wabenzi），戲稱擁有足以顯示其地位顯赫的賓士汽車的非洲黑人政要、商人等。

今天，亞提太太心情不好，嗓門大又頤指氣使，瞧不起我所有的員工，只要她一出現，大家就紛紛閃人。我也好想消失，但一隻病入膏肓的狗讓我分身乏術。

「謝啦，吉兒。請轉告她，手術還要四十分鐘，結束之後，我很樂意見她。」

「你當眞以爲她會等你四十分鐘，讓你完成手術？」吉兒說。

「當然不會。先專心摘掉這顆脾臟吧。」我回答。

傑夫撐住脾臟，我夾住扭曲的血管，接著，一陣旋風從屋外的走廊颳進來。「瑞博醫師，我現在就要見你。」女聲震耳欲聾，一抬頭，亞提太太正搖搖擺擺走向我們，她完全符合肥胖的定義，身材高大渾圓，態度也相差不遠。

「瑞博醫師，我要知道，爲什麼你們的辦公室不給我運送牛隻的許可證？」她大聲嚷嚷。

我嘆口氣，往窗外看了眼亞提太太閃閃發光的賓士車，西裝筆挺的司機戴著司機帽，正用布擦掉亮黑色車身的紅色塵土。一瞬間，我想到用這輛車可以買到的所有動物醫療設備。

「怎樣？」亞提太太的咆哮把我拉回現實。

「什麼怎樣？」

「我的許可證！」她大吼，一張肥嘟嘟的臉塞到我面前。「我有六十頭牛星期一就得送到冷凍廠，我現在就要許可證。如果星期一牛沒送到冷凍廠，我就得留下來養，還會被罰錢，要再等三個月才能預約到冷凍廠。」她的氣息會悶死一隻禿鷹。

「哦，Muli bwanji（妳好嗎），亞提太太，可以的話請妳後退幾步，我會很感激妳。妳的胸部壓到這隻可憐狗狗的胸口，牠會不能呼吸。」我努力保持平靜。

她退開來，我繼續夾住跟癌脾臟相連的錯綜複雜的血管。「亞提太太，我們辦公室之所以沒有繼續給妳許可證，原因很簡單，妳拒絕償還未清帳款三百四十二夸加。只要我們的文書恩柯馬有收到款項，我們就會繼續為您服務。日安。」

「眞是太過分了。」她尖叫，再次逼近我的手術檯。「我老公可是班達總統的內閣大臣。」

「亞提太太，請遠離我的手術檯。」她勉爲其難退開之後，我說：「謝謝，我非常清楚尊夫管理重要的政府機構，不過，就算以他的身分，也不能讓妳得到免費的公家服務。妳是營利的私人農場，因此，就像其他營利的私人農場一樣，來找獸醫就要付費。還有，說到過分，那是一個開得起全新賓士車的人跑來喊窮，不願付清三百四十二夸加帳單，卻可以花五百夸加補滿該死的油箱。日安，大人。」

她氣得面目猙獰，我還以爲她會中風死掉，或者更糟，衝過來壓倒我。正當她雙手握拳、蓄勢待發時，血液倏地噴濺到她的臉，直接射入她張開的眼睛和嘴巴。她的尖叫聲可以撼動一整棟建築物。

「很抱歉，亞提太太。」傑夫滿含歉意地說。「其中一支止血鉗鬆掉了。」大塊頭女人以手抹臉，試圖清掉眼睛上的血液，同時拚命吐掉口裡的血液。

「亞提太太，妳得用水沖洗一下嘴巴和眼睛。這隻狗有愛滋病，血裡都是病毒，動作快！再拖下去，被感染的機率就更大。屋子旁有用來澆花的水管，快去！」傑夫說。

傑夫和我看著她狼狽跑到角落，用水管沖刷身體。我們繼續治療手術檯上的病患。

「傑夫，鬆開止血鉗這招很妙，但有點壞。」他微微一笑，我接著說：「而且說狗有愛滋病眞的太壞了。傑夫．卑瓦，你這個壞傢伙，下班後我要用冰啤酒懲罰你。」

十分鐘後，亞提太太回到門口，看起來像隻濕答答的肥大老鼠。我心裡有些過意不去，趕緊說：「眞對不起，亞提太太，卑瓦先生說錯了，這隻狗沒有愛滋病，牠得的是脾臟癌，不是愛滋病。是卑瓦先生搞錯了，我已經糾正他。祝妳有個美好的一天。」

「好，你贏了，我付錢。」她大步走進吉兒和湯姆共用的辦公室，幾分鐘後，她回來，當著我的面揮舞收據。「現在可以給我許可證了嗎？」她咬牙切齒地說。

「妳打算搬多少動物？」我頭也不抬地說。

「整整六十四頭。」她說。

「幾隻母牛？」

「三十七隻。」

「相信妳也清楚法律，預防萬一還是告知妳一聲，爲了增加國家的牛隻數量，政府禁止宰殺懷孕母牛，得先替母牛驗孕之後，才能發放許可證。」

「什麼？星期一早上就得送到布蘭岱欽。你什麼時候要檢查？」

「問題來了，今天是星期五，時間不多，我的行程都滿到下星期了，對吧，卑瓦先生？」

「抱歉，我忘了跟你說，我在你的行程表上又多加了一些小農的預約，接下來兩個星期都是滿檔。你可能要……呃，到下個月之前，都不可能擠出時間做其他工作。」傑夫說。

「下個月！」她火冒三丈，雙拳緊握。

「眞對不起，亞提太太，但無法配合妳的行程，這對喬洛獸醫辦公室來說不構成緊急狀況。我相信妳一定能諒解，要是我們取消其中一名小農客人的預約，轉讓給政府高官的老婆，一定會有人覺得不公平，終身總統卡穆祖．班達恐怕不樂見這種情況。卑瓦先生，你說呢？」

「總統閣下曾在公開場合多次呼籲，政府官員是服務人民的，而不是被人民服務。公務人員必須表現出最高道德標準。」他說。

「說得好，傑夫。身爲重要閣員的妻子，妳一定會希望我們遵守總統的命令，日安。」

我回頭專心進行就快結束的手術。跟亞提太太交手就像要拉起一隻兩公噸的旗魚，她打死不退。

「我該怎麼做才好？」她謙卑溫馴的語氣簡直前所未有。

「能請妳再說一遍嗎？」我直視她的眼睛，驚訝地說。

「若是你能在不違反任何道德標準的前提下幫幫我，我會非常感激。」她溫柔萬分地說。

「讓我來看看可以怎麼做。卑瓦先生，可以由你來縫合嗎？」

我清洗雙手，領著亞提太太進入吉兒和湯姆的辦公室。我來到湯姆的桌子後方，拿起一大本分類帳簿仔細翻閱，上面列出橙縣小農名單，以及他們繳交給政府的費用，用來使用橙縣的藥浴池消毒動物。我自己其實沒有預約簿，只是作個樣子。

「讓我看看。」我一頁頁翻著「預約本」。「我的時間都滿了，不過，算幫妳個忙，星期日下午可以撥出時間幫妳的牛驗孕，到時再一起給妳許可證。兩點好嗎？」

「兩點可以。」她笑盈盈地說，我還是第一次看見她的笑容。

「在那之前，我需要看到妳的眞誠。」

「眞誠？」她遲疑地問，笑容黯淡下來。

「我要預收五十夸加，作爲未來醫療服務的費用。」

「五十夸加！」她圓睜著眼大叫，咬緊牙關，雙手握拳。原本的她回來了。

「抱歉，我搞錯了，是兩百夸加。」

「兩百夸加！」她尖叫。

「Pepani（抱歉），我原本是要說我接下來三個星期都有約了！」我大吼，重重闔上帳簿，遞還給湯姆。「不好意思，我得去查看一下卑瓦先生的手術進度。」

「等一下，請你等一下。」她高舉雙手。「爲了表示誠意，我會交兩百夸加，記在我的帳上。這樣你可以來了吧？」她從一疊有我拳頭般大小的鈔票裡數出十張皺巴巴的二十夸加鈔，交給湯姆。

「我還有一個要求。」

「什麼要求？」她斷聲問。

「我不想浪費我們少量的汽油配額去妳的農場，所以妳得來接我和卑瓦先生，讓我們乘坐妳的賓士。等卑瓦先生和我結束工作，回程時讓我們在納里餐廳下車。」

「想都別想！」她氣呼呼地說。

「叫妳的司機一點來這裡接我們。」

「作你的大頭夢！我要跟你的主管投訴，把你趕出這個國家。我不會這樣就算了，聽懂了嗎？你這個混蛋！」她對著我揮舞拳頭。

「我完全明白，同樣的，我不會發許可證給妳，也不會替妳的牛驗孕。電話就在那裡，妳最好現在就通知冷凍廠，讓他們知道星期一不會有牛送過去。之後，吉兒可以幫妳連絡我的主管，前提是妳能找得到他，他經常外出。這裡有貼郵票的信封。」我塞了一個到她手上。「用來付妳的牛沒送到的違約金吧，我很樂意幫妳出郵資。現在請容我先行告退，我這個混帳得先去查看卑瓦先生牛的手術進度。至於妳，亞提太太——」我擠過她身旁。「走吧，別氣了。」

傑夫已經完成手術，正一邊清理手術用具一邊觀察從麻醉中甦醒的狗。

「做得好，傑夫。」我檢視縫合狀況和狗狗的生命徵象。「牠快醒了，先調低點滴流速吧。」

「我接受你的條件，瑞博醫師。」亞提太太在我後頭說。「我的司機星期日一點會來接你和卑瓦先生，可以嗎？」

我轉身，彬彬有禮地微笑。

「好極了，爲您服務是我的榮幸，路上小心。」

傑夫和我從手術室窗戶看著亞提太太搖搖擺擺走向她的車，擠上後座。司機替她關上門，返回前座，車子揚長而去。

「我們不會要幫她吧？」傑夫問。

「我會。已經說好坐她的賓士車去，工作結束後，會載我們到納里餐廳，回家前可以享用一頓辣味烤雞。如果你來幫忙，我會買單，如果你不來，我就自己解決。怎樣？」

「納里先生的烤雞！我這個人很好相處的，算我一份。」

「好極了。」

「所以你從她那裡拿到兩百夸加，和一趟賓士車之旅。如果是我就直接拒絕她，讓她再多養三個月的牛，另外再付冷凍廠違約金，這比兩百夸加和坐她的寶貴車來得貴多了。」傑夫嗤之以鼻。

「我也想啊，但我們得感謝我們的敵人。」

我跟傑夫分享與姆津巴大夫的對談，聽完後，傑夫問：「那麼這次誰是敵人？是亞提太太，還是勒索她的你？」

「問得好。我們兩個都是敵人，彼此都有機會利用對方來成長，但我搞砸了。至於亞提太太……」我笑了出來。

「姆津巴大夫可能不喜歡我這樣，但做她的敵人挺有趣的。」

17 轉角不會遇到愛，只會撞到豬

我馬力全開，全速奔馳，感覺棒透了。可惜福無雙至，禍不單行，我壓車騎入一個費力的左轉彎，時速勉強維持在七十公里，眼睛緊盯著路面，尋找拉直車身同時催油門的時機，這時——有豬！緊急狀況！求救！路上有豬！

在馬拉威，騎摩托車會遇到接二連三的挑戰。第一個挑戰是路況。大部分的時候，我必須騎在次要道路或泥巴小路上，天氣乾燥時，我一個小時可以奔馳八十公里，但遇到雨季，泥巴路變得泥濘濕滑，我就得推著車子走。

第二個挑戰是穿梭人潮。不像電影裡一望無際的遼闊非洲，這一帶的路上時時刻刻都有人。另一個挑戰是即使路上沒人，也會冒出雞、羊、牛，偶爾還有豬，更刺激的是還會遇到野生動物。所有動物之中，遇到豬是最糟糕的，因爲豬一動也不動，是個會呼吸、有體溫的路障。

我很快就學會，如果不遵守四腿動物的停車標誌，直接撞上豬的話，只會落得兩敗俱傷。

除去這些挑戰，我的旅程還算風平浪靜，只有一次例外：在姆蘭傑縣施打狂犬疫苗。這是一項史無前例的任務：範圍太大，狗太多，人力物力都有限，不過我們還是做了。

天氣好得不能再好，晴朗乾爽，陽光燦爛，視野良好。路況在最佳狀態，七個小時之內，我順利抵達六座村莊，幫一百六十七隻狗施打疫苗。

我只剩下最後三劑疫苗。卡布庫教會醫院就在附近，大衛．伊華班尼醫師親切地挪出辦公室幫我保管疫苗、藥品和動物醫療設備，如果我到這一帶工作，有缺少任何東西都可以來這裡補充。今天施打疫苗反應極好，也導致進度延誤，而我任務在身，接下來還有兩座村莊等著呢，所以為了趕時間，我改走姆蘭傑森林保護區裡的便道。

這條路人煙罕至，有別於其他的路，沒有人使用，路況非常良好。我馬力全開，全速奔馳，感覺棒透了。縱情斜騎在蜿蜒緩升的山路，我的情緒沸騰到最高點，馳騁如行雲流水。可惜福無雙至，禍不單行，我壓車騎入一個費力的左轉彎，時速勉強維持在七十公里，眼睛緊盯著路面，尋找拉直車身同時催油門的時機，這時——**有豬！**緊急狀況！求救！路上有豬！路障豬不屑地拼動鼻子，來不及了，就快撞上了。

果不其然，豬文風不動，完全無視幾秒後就要發生的慘劇。我無暇思考，左手拉離合器手柄，右腳踩後剎，車身開始傾滑，我的右手壓住前剎，左腳擦撞路面，連人帶車往豬隻打滑而去。

我的視線鎖住豬隻，看著牠搖頭晃腦，彷彿在問：「你在幹嘛？」我可以看到牠的腦袋在運轉，從牠困惑的表情就知道，但腦袋轉速還不夠快到理解現在的狀況。

但我的腦袋可是狂速運轉。飛吧，一定得飛過去，笨蛋！我們閃不過去，要重傷了！我的腦袋警告我的身體。它是對的。

車子一側撞上豬隻翻了過去，我被飛拋出去——印象中，我迎面撞上地面，重擊臉和右肩，鼻子裡充斥著泥巴和血液的味道。

右肩難以想像地痛，我保持呼吸短促，讓身體不會動作太大，平躺在地，盡可能不輕舉妄動。我絕對不只一處骨折了。

幾分鐘後，身體的防禦機制啓動，劇痛和緩到勉強可以忍受的地步，可以動作了。我深吸口氣，爬起身跪坐在地，抓住右臂極力不去動到它。

我痛得頭昏眼花，等到眼前恢復清明，我看見我的摩托車和路障豬。豬若無其事地繞著摩托車東聞西嗅，接著轉頭看了我一眼，呼嚕了幾聲，彷彿在說：「孩子，得到教訓了吧。」然後踱著步鑽進草叢裡。

幸好車子只有小損傷。我站起身，要一手扶起車子並不簡單，但總算是坐上了上去，發動車子。往卡布庫教會醫院剩下的路程，跟撞到豬之前相比，既不快也不樂。

我在醫院第一個碰到的人是艾琳修女，從她的表情看來，我的模樣肯定不是太好。她直接把我帶到大衛醫師的辦公室，扶我坐下，囑咐我不要亂動。我從來不是個聽話的人，馬上來到走廊另一側的廁所，檢視鏡中的自己：眼睛腫到快睜不開，鼻子歪到左邊，下唇比原來大了三倍，滿臉的泥巴和血跡；右手臂同樣沾滿泥巴、血跡斑斑，垂得比左手低，破破爛爛的左邊褲腳露出被路面擦傷的腳。

我聽見廁所門開的聲音，鏡子裡，我的背後冒出大衛醫師的臉。

「難怪艾琳修女嚇壞了，兄弟，你看起來眞是糟透了。發生什麼事？」

「我在高速行進時撞到一頭豬。」

「豬怎樣了？」

「很遺憾，毫髮無傷。」

「跟我過來，得替你治療一下。」

大衛醫師把我交給三名護理師，將我清理乾淨，替我的傷口敷藥，照了幾張X光片，再把我送回大衛醫師的辦公室。他已經看過我的片子了。

「從片子來看，你撞斷了鼻子，而且已經不只一、兩次。好消息是，你是肩膀脫臼，沒有骨折。胸腔很乾淨，肋骨看起來沒問題。」

「接下來要怎麼做？」

「不會太複雜，只是要讓你恢復成原來的模樣。咬住這個。」說著，他把壓舌板塞進我嘴裡。

我用安然無恙的手取出壓舌板。「爲什麼？」

「咬就對了。」他囑咐，從我手中取走板子重新塞回我嘴裡。

我旋即又拿了出來。「不好意思，好歹讓我知道你的療法，做點心理準備吧，醫師。」

「很簡單，接下來你放鬆右臂，我要把你的手接回原來的地方。有問題嗎？」

「有一點，既然你問了，那我就說了。就我的專業來看，在進行非常痛苦的療程前，我們通常會先麻醉病患，這叫人道醫療。」

「不同專業，不同剖析。這種治療我已經做過很多次，我保證很簡單，快速又幾乎無痛。大方點，閉上嘴，放鬆手臂，乖乖咬住壓舌板。」

我忐忑不安地盯著他站到我身後。

「我數到三就動手，閉上眼睛，放輕鬆。」

啪的一聲！

我尖叫著跪倒在地，壓舌板被我咬斷成三截，我抬頭吐出碎片，不停咳嗽，還以爲事情不會更糟了，結果大衛醫師一把抓住我的鼻子往右一推。我至今還是認爲他矯枉過正了。

我緊握雙拳站了起來。「不是說要數到三。」我氣呼呼地說。

「你太緊張，會害我接不好你的肩膀。那只是一點小手段，爲了轉移你的注意力。」他沉著冷靜地說。

「就算本來不需要止痛劑，現在也得來一顆了。我要怎麼拿到手？」

「抱歉，目前短缺中。我們醫院的卡車在布蘭岱拋錨了，在修好之前，藥物不足——這裡是非洲。你也是行醫之人，應該知道脫臼的手要愈快接回去愈好，拖得愈久，肌肉收縮強度愈大，治療起來就更困難。算你好運！」

「好運個屁！」

「你每次受傷時，你爸常說的那句話是？」

「要當個笨蛋，最好強壯一點。」

「就是那句。要是他看到你現在這個樣子，又要碎唸了。先來看看你的手臂和肩膀，我還要再調整一下，放輕鬆，告訴我會不會比現在更痛。」

在大衛醫師轉動我抽痛的肩膀時，我想起老爸，眼前浮現他雙臂交叉，嘴裡準備吐出蘊含智慧的古老諺語，突地，老爸那些陳腔濫調一句接一句冒出來。我好愛他也好想他，我虧欠他太多了，但如果要我在他後半輩子承歡膝下，我還是會失敗。

「你在笑什麼？」大衛醫師問道。

「我只是想起我爸。」我笑說。「挺有用的。」

18 瘧疾啊瘧疾，讓我差點歸西

「我好像是被一頭牛拉出來的屎，我應該是得了瘧疾。」我渾身打顫，抵擋不住的寒意又回來了。「可以幫我做個血液抹片檢查嗎？」

「多可塔拉，你自己來看看這個壞傢伙吧。」我透過顯微鏡看到那個小小的寄生蟲敵人。我瞪著它，幾乎可以感覺到它也在回瞪我、嘲笑我。

只要是在南部或中部非洲生活過的人，無論時間長短，幾乎人人都會染上瘧疾，只是遲早的問題。雖然預防藥吃了，防蚊液也用了，但瘧疾就像非洲本身一樣鑽進我的血液裡。某個星期二晚上，我正在家裡客廳看書，雙手突然發抖，接著蔓延到全身，我猶如狂風暴雨裡的小樹苗抖瑟不止，書也從手中滑落。門外是舒適的二十五度，我卻有種被人赤身裸體扔到雪地裡的感覺，就算用上所有的毯子包裹住自己，卻還是一點也溫暖不起來。我立刻懷疑是瘧疾，吞了藥，彷彿過了一個小時，寒意才消退，打顫停止。我精疲力竭，像個橡皮人。

我上了床，打算明早第一個到醫院掛號確診，現在得趁發燒之前先睡一下。我中途醒來，發現自己滿身大汗，不久前還冷到束手無策，現在卻如火在燒。我匍匐爬向浴室，全身關節和肌肉都在痛，冷水澡讓我舒服了，但體內仍舊灼熱。

隔天早上，喬洛醫院的總化驗師主管約翰．班達發現我癱軟在他的門階上。

「多可塔拉，你看起很不好，沒事吧？」

「我好像是被一頭牛拉出來的屎，我應該是得了瘧疾。」我渾身打顫，抵擋不住的寒意又回來了。「可以幫我做個血液抹片檢查嗎？」

約翰只花了幾分鐘就診斷出來了。

「多可塔拉，你自己來看看這個壞傢伙吧。」

我透過顯微鏡看到那個小小的寄生蟲敵人。我瞪著它，幾乎可以感覺到它也在回瞪我、嘲笑我。

「眞對不起，多可塔拉，但我們現在沒有mankhwala（藥）可以治療你，至少還要五個星期才能拿到配給。」

「別擔心，約翰，我已經吃過和不工作團之前發給我的藥了。這是我有的藥。」我從口袋拿出藥。

約翰確定我服用了正確的藥物和劑量，要我回家繼續服藥、休息、大量喝水，到週末應該就會好多了。我遵照約翰的指示，但病情不見好轉。一陣寒顫之後是高燒，一次比一次嚴重，我每天醒來都希望能恢復力氣，但總是倍感虛弱。

我盡可能不讓自己脫水，特別注意要喝茶、開水和電解質補充液，但光是走到廚房就累壞了，還得用殘存的力氣走回床上。兩天後，我終於注意到變化，嚇壞了。

我上完廁所，發現尿液是咖啡色的。很久以前，瘧疾被人叫作「黑水熱」，因為瘧原蟲會破壞宿主的紅血球，導致代謝功能落到肝臟身上，情況嚴重的話，肝臟負荷不了，無法代謝掉讓骨髓製造新紅血球的血紅素，這時血紅素就得另覓其他管道離開人體，那就是腎臟。接下重擔的腎臟會透過尿液排泄掉血紅素，但得付出極高的代價：腎衰竭。黑水熱對兩腳動物來說是致命的，就算瘧疾引發的惡性貧血沒奪去病患的命，腎臟一旦受損也沒救了。

我洗完手，轉身要拿毛巾擦乾，卻癱倒在浴室地板。我全身滾燙，臉頰貼在冰涼的水泥地挺舒服的。印象中，我當時想著得去傑夫家，得去醫院，但冰涼的地板實在太舒服了，我閉上眼睛，進入了夢鄉。

夢中，我在一個平靜祥和、言語難以形容的空間，不是任何地方，而是一種感覺，無憂無慮，心平氣和，前所未有的舒適。把一個人感受過的快樂增強一百倍，也無法準確描述出我的興奮。

有許多聲音，就像許多人同時擠在一個房間裡說話，內容難以分辨，偶爾聽清楚了，才知道那些聲音在談論一名生氣勃勃的戰士正面臨一場重要的戰役。

離開那個空間後，我來到喬洛山腳下坎戈小徑的入口。聲音融為一體，強而有力地要求我攀登上去。我沿著小徑往山頂走，每當腳步踉蹌倒下，聲音就會傳來，不斷催促鼓勵我往上爬，直到我終於抵達巔峰。

山頂上，有頭年輕的公獅正等著我，那道聲音要我殺了獅子。怎麼殺？牠撲向我，我雖然不知所措，卻還是殺掉了牠，自己也落得傷痕累累，血流不止。大地不著痕跡地吸收了我的血，同時也吞沒掉獅子的屍體。

我回到先前的空間，許多聲音安慰我，我的內心恢復平靜，偶爾才聽得清楚那些聲音說的話。這次，他們談論一名生氣勃勃的戰士，以及他如何殺死一頭獅子。印象中，聲音警告我，獅子受騙了，其他獅子會跟進。我不怕，只有滿心的歡喜。再一次，我回到喬洛山腳，毫髮無傷，被獅子攻擊的傷口都消失了。唯一不同的是，我變得比先前虛弱消瘦。

聲音再次融爲一體，慫恿我向上攀登，我爬了，但不如第一次快速。同樣的，山頂上同樣有一頭公獅，但更爲龐大、年長和強壯。聲音要我殺了牠，我沒有絲毫猶豫，因爲不是你死，就是我亡。搏鬥時間拉長了，我的傷勢也更爲嚴重，血流如注，再次全數被大地吸收，面前的獅子屍體也被吞沒了。

獅子沒入地下後，我回到被聲音包圍的空間。之後，我一再來到喬洛山腳，攀登山頂，殺了另外兩頭獅子，一頭比一頭高大強壯，第四頭獅子幾乎超出我的能耐。殺掉牠後，我倒臥在牠身上，不斷懇求大地這是最後一頭獅子。大地吸收掉獅子和我的血，我又回到空間。

第五次來到喬洛山腳，聲音一如以往催促我。我舉步維艱，幾度想放棄，但在聲音的慫恿下，我勉強自己前進。終於登峰之後，眼前有一頭超乎想像的可怕獅子。其他獅子沒有名字，但我知道這頭獅子的名字：死亡。

我喉間發出戰吼，衝向獅子，但難以與之匹敵，既傷不了牠一根寒毛，也拖不慢牠的動作，牠有力的爪子只要一揮，我就會像個布娃娃般被打飛出去。牠樂在其中，譏諷我挑戰牠，每當我拿出殘餘的力氣攻擊，只落得再度被打飛出去的下場。

我的血和生命一點一滴緩慢流失中，我想動，卻動彈不得，只能眼睜睜看著獅子有如死神般走向我，抬起有力的腳爪就要結束我的生命。

就在這時，跳跳和笨笨出現了。牠們無所畏懼地迎戰，儘管動作迅速，卻仍不敵獅子，一次次被打飛出去，滾落在地，痛苦哀號，然後再次起身浴血奮戰。牠們鍥而不捨地撲向獅子，卻一再被痛毆，我不能坐視不管。

我怒火中燒，心跳急促，怒氣強化肌肉，給了我力量。我撲向獅子，情勢逆轉，現在獅子不是我的對手。我抓起獅子一次次往地上甩，下手毫不留情，居高臨下將牠壓制在地，掄起拳頭，一拳又一拳地痛打。如果不是大地將牠吞沒，我會繼續打下去。我轉身尋找小狗，但小狗不見了。我精疲力竭躺在地上，閉上眼睛，我沒有回到空間，而是處於一片黑暗中。眾多慰藉的聲音被兩個女人的歌聲取代，她們歌頌著離鄉背井的戰士，呼喚他返鄉。等我睜開眼睛，我不在浴室地板上，而是躺在自己床上，露絲正拿冰毛巾拍拍我的臉，擦拭我的手臂和胸膛，南西則拿另一條冰毛巾擦拭我的腿。我全身覆蓋著濕毛巾。兩人輕柔吟唱耳熟的美妙旋律，我逐漸恢復意識，環顧四周，只見姆津巴大夫坐在角落，似乎陷入冥思。

我掃視房間，似乎沒人發現我醒了。我閉上眼睛再睜開，四下張望，露絲正在擦拭我的額頭和臉龐，我直勾勾盯著她的臉看，她不為所動。「露絲，可以給我冰啤酒嗎？」我氣若游絲，但她聽見了，她的身體一僵，直視我的眼睛。我強顏歡笑，重申：「要怎樣才能喝到冰啤酒？」

她雙手捧住我的臉頰，宛如母親抱著小寶寶。「噢，多可塔拉，你回來了。」

「多可塔拉，你真的回來了嗎？」南西也盯著我的眼睛。「真的耶，真的，我看到你了，多可塔拉。你的靈魂回到身體了，我可以在你的眼中看到你的靈魂。」

「後退點，女人，給這個男人一點空間呼吸！」姆津巴大夫拉開兩人，緊接著確認我的甦醒。「歡迎回來，孩子。」他拉來一張椅子坐下。「說說你的旅程，你去到哪了？」

「我只記得我在星期日的時候昏倒了，但不記得有回到自己的床上。你怎麼來了，姆津巴大夫？」

「上個星期日早上，跳跳和笨笨在我家前面走來走去，偶爾停下來望著喬洛縣的方向。我問小狗你是不是有麻煩了，牠們不約而同地吠叫，我一叫牠們跑，牠們立刻拔腿衝向喬洛縣。」

姆津巴大夫接著說：「我直接前往卑瓦先生家，找他一起來看看。你家門窗緊閉，看起來沒事，但怎麼叫都沒人回應。卑瓦先生看到了某樣東西，立刻跑去你的辦公室拿房子的備用鑰匙。」

「他看到了什麼？」我問。

「他看見笨笨和跳跳在房子裡。他拿了鑰匙回來開門，我們發現你倒在地上不省人事。卑瓦先生和我把你抬到床上，露絲和南西一聽到你病了，就過來照顧你。從星期天一直待到現在。說說看吧，多可塔拉，你去了什麼地方？」姆津巴大夫認眞地問。

我一點一滴努力回想自己在浴室昏倒之後的夢境，一五一十地描述出來，語畢，我問：「這個夢有什麼意義嗎？」

他欲言又止，緊抓著我的手拍了拍，撫摸我的眉毛，滿布風霜的臉龐流下淚，他雙手發抖，嘴唇顫抖。

「老天，了不起！」他驚呼，起身在屋內來回踱步，喃喃自語，過了好一會兒才恢復冷靜。

「這五天來，我們看著你一步步走向靈界。」他緊握我的手。「我做了最強效的藥，如我所料，沒有任何效果。你對抗的敵人不只瘧疾。在你生病之前，我預見你會經歷考驗，你的身心靈必得面臨極大挑戰，使你得以堅強接受未來的任務。我打從內心知道，這場病是一項考驗。我說服卑瓦先生，由我來治療和照顧你。」

姆津巴大夫停頓片刻，走到窗前凝望喬洛山脈，又回到床邊。「幫助你的聲音來自你的祖先，他們存在的理由是你，以及你此生必須完成的目標。他們知道現在不是你前往彼界的時候。每頭獅子代表你生病的每一天，每一場試煉都是淨化，強化你的意志。」

「今天早上，我看到喬洛山脈微露曙光，心想這是你的最後一天。你太虛弱了，我只能祈禱你的靈魂能安然無恙回來。」

接著他提起小狗。「跳跳和笨笨不肯離開你，常常舔你的手和臉，看看你回來了沒。小狗焦躁不安，常常跑出去盯著喬洛山脈，再跑回來舔你的臉，也許是知道你的靈魂回不來了。牠們今天一早就跑到山裡，下午三、四點才回來，倒在花園旁。我們把牠們帶進屋內，牠們在隔壁房間休息。你等等。」

我看著姆津巴大夫走出去，帶回跳跳和笨笨。兩隻狗的動作僵硬緩慢，彷彿正承受極大痛苦，牠們一碰到我便低聲嗚咽，輕舔我的臉，我用虛弱的身體使勁抱住牠們。

「上帝派牠們接你回來，多可塔拉。」姆津巴大夫笑著說。

「我知道。」我更加緊抱住牠們。「我知道。」

19 被邀請參加成年禮，但得先證明自己是個男人

見證一個男孩的成年禮是無上的光榮，同時也是沉重的責任。為此，我必須學習神聖的儀式、傳統和慣例。保守來說，這些細節從不輕易外洩。而我，是他們口中的 mzungu。其他見證人、村長和酋長可能不會喜歡一個白人知道祕密儀式。

我正埋頭準備另一份月報時，傑夫探頭進來說：「班．卡翁達來了，他想和你談談。」

班．卡翁達是我定期造訪的酪農之一，算是裡頭最開明也最好勝的人。擔任和平工作團志工期間，我很早就領悟到一件事：如果我想帶來長久的改變，我需要幾個能接受改變並身體力行的核心人物，成功之後，他們的朋友和鄰居就會起而傚尤。班就是這樣的農夫。他飼養了十二頭牛，看在澳洲或美國酪農的眼裡或許少得可笑，但在馬拉威可是很大一群，大部分的酪農只能飼養一到三頭牛。

我喜歡和班一起工作，在交朋友的過程中，我得知他來自莫三比克，爲了躲避內戰，十多歲就離鄉背井尋找工作，先是在喬洛茶園找到工作，接著也找到摯愛，和老婆

一家人定居在莫內克拉村。我遞給他一杯茶，他在我對面坐下。「多可塔拉，有件事想請你幫忙，是爲了我兒子伊森。伊森也到了參加成年禮的年紀，我希望是在我出生的金吉立附近的村莊舉辦，而我想請你當他的見證人。」

見證一個男孩的成年禮是無上的光榮，同時也是沉重的責任。爲此，我必須學習神聖的儀式、傳統和慣例。保守來說，這些細節從不輕易外洩。

「我很榮幸，但是班，我是 mzungu（白人），其他見證人、村長和酋長可能不會喜歡一個白人知道祕密儀式。」

「我已經跟村長和酋長談過了，你可能會很驚訝，沒人反對。事實上，很多人認爲你會是個絕佳的見證人。」看到我的興奮，他接著說：「這可不是件輕鬆的差事，如果你接受了，就得學習歌曲、教義、男人間的暗號和精神傳統。離成年禮還有八個星期。」

班接著說：「我們村裡一位智者路克．威爾同意教導你，但你每個晚上至少得空出兩個小時，星期天則是四個小時。儀式會進行整整五天。我們明白你工作繁忙，可能無法履約，所以請你仔細考慮，萬一臨時有事無法全程參與，伊森就得再等一年，通過下次成年禮才會被視爲男人。」

我根本不需要考慮。「班，你可以相信我。」

「伊森一定會很開心。」他笑逐顏開。「今晚開始教育你。另外還有一件重要的事。」

「什麼事？」我問道。

「所有見證人都必須先經過淨化，一如上帝把你帶來這世間般，把自己呈現給上帝。同時，還要證明你是個男人。」

看到我面露困惑，他傾身向前，壓低聲音道：「你得脫個精光，而且一定要割過包皮才會被認爲是個男人。你割過吧？」他一臉擔憂。

「是的。」我回答。

他微笑。「那就好。其他人一定很想聽聽你在成年禮上割包皮的經過。」

當晚路克開始訓練我，要學的事太多，全都很迷人。我學會歌曲和冥想、爲播種和農穫祈禱、占星和氣象預測、生老病死和結婚儀式。路克教導我藥用植物、月亮週期、四季更迭的知識。成年禮的時間到了，我自認已做好萬全準備。

現在我的責任就是把所學的一切傳授給伊森，這是成敗關鍵，任何一個環節出錯就丟臉了，大家會說這是白人的錯。

我的請假獲准，工作由傑夫接手。我們在姆蘭傑縣金吉立往東六公里處的男人帳篷集合，放眼望去是一片荒野，因爲太靠近馬拉威和莫三比克的邊界，我幾乎以爲自己就在莫三比克。第一天都在整理帳篷，準備迎接明天來參加成年禮的人。首先，我們得先經過淨化，用親手製作的染料在赤裸的身體繪上精神和祖傳的符號，目的在於阻擋前來騷擾成年禮的邪靈。紅色是我最喜歡的顏色，我在臉上、身上和腿上塗滿自製的鮮紅色染料。因爲沒有祖傳符號，我在胸前畫上一個大大的黑色十字架，男人們靠近我，說我身上的紅色顏料、十字架和藍色眼睛看起來很嚇人。

畫完後，我們圍繞著正中央的營火，一邊吟誦心靈的引導、力量和賜福，一邊比畫著複雜的動作，隨著加快的節奏，我們瘋狂地下傾、旋轉、轉身、跳躍，吟誦聲逐漸響亮，最後我們都在大吼大叫，在最激烈的那一刻，大家頓時停止動作，一記強而有力的蹬腳撼動了大地。這是榮耀且非常強大的一刻。

淨化結束，我們梳洗換裝，圍在營火旁享用晚餐。我因爲洗不掉身上的染料，一身火紅地坐在火邊，贏得不少讚美。就跟世界各地的男人一樣，我們聊起天氣、作物、牛隻和家人，一切順利，直到泰勒．恩柯馬指著我說：「這個 mzungu 是紅的，不能留在這。」

泰勒就是在市場威脅要殺了我的肉販，同時也是個卑劣的酒鬼，他可憐的妻兒經常飽受虐打。我不該意外他會找碴。

路克跳出來護衛我。「什麼叫不能留在這裡？多可塔拉經過我們的訓練，淨化表現比你還好，我相信他比你還知道怎麼當一個男人，他當然有資格留下。」

泰勒沒有退讓。「這是男人的火，他沒有小孩，應該去坐在小男生的火邊。他不是男人！」他瞇起那對豬眼。

他一針見血。根據馬拉威的部落文化，以及大部分非洲國家，男性有了孩子、成爲父親才算個男人，女性生了小孩才算女人。他的指控讓在場所有男人百口莫辯，大家都忽略掉了這個重要的細節。

我進退兩難。只有男人才能見證男孩的成年禮，如果我不夠格就得離開，伊森會失去見證人，必須再等一年才能參加成年禮，那就太令人難過了。我望向圍坐在火堆旁的男人，絕望清楚地寫在他們臉上，泰勒則是一臉幸災樂禍。他成功羞辱我，正在享受這一刻。

我一生當中面臨過許多抉擇，丟臉的是，在正確和簡單的決定之間，我通常沒有勇氣做出對的決定。「我有資格坐在這火旁，因爲我是貨眞價實的男人。我有孩子。」我故作隨意地說。

雙方的臉色迅速變換：泰勒臉色一沉，其他人則爲之一亮。

我才剛在神、聖靈和其他見證人面前淨化自身，誓言要跟大家坦誠以對，現在卻說謊了。我說謊是因爲擔心伊森，或是爲了報復？很有可能是後者，感覺眞糟。

「如果是眞的，你的孩子在哪？」泰勒問。

我伸手探入後口袋拿出錢包，抽出三個孩子的照片。「在這裡。」我交給旁邊的男人，請他看過後傳遞出去。我單身，當然沒有小孩，照片是錢包裡附帶的，廠商通常會放這種照片來增加賣相。我放了張照片蓋住，後來就忙到沒時間丟掉。

泰勒緊咬著不放，再次朝我放箭。「你的孩子現在在哪？」他語帶輕佻地問。

在南部非洲，男人離鄉背井，長期在金礦銀礦裡工作，這類的事時有所聞，火堆旁的男人都知道並不罕見。我大可以說孩子跟母親一起在美國等我回去，所有人都會信以爲眞，但我只是手心向下伸出右手，比了三個高度，再緩緩縮手。

現場鴉雀無聲。馬拉威是嬰兒死亡率最高的國家之一，火旁的男人都有過切身之痛，氣氛變得哀悽。照片正面朝下地回到我手中。

受人景仰的村長率先開口：「我們都知道你跟多可塔拉在市場起過衝突，那些衝突原本就該留在市場，你卻偏偏選擇在這裡找多可塔拉的碴，給大家帶來麻煩。我是來見證孫子的成年禮，你要我怎麼告訴他——小子，此地聖靈動怒，要等到明年？還是照樣進行成年禮，一輩子惡靈纏身？沒有資格坐在這火旁的人是你，不是男人的人是你，你的想法就像個小男生。」他往地上啐了口痰。

另一名見證人站起身。「我是外甥的見證人，我沒辦法裝作若無其事，這樣不公平也不正確。眼見夥伴受辱還坐在這裡，我很羞愧，乾脆一年後再來變成男人，也好過現在變成男人痛苦一輩子。」

我的謊言使得原本尷尬的氣氛更加低迷。原本是伊森一人的成年禮危機，因爲我的不誠實，所有人的成年禮都變得岌岌可危。我得立刻扭轉這個局面才行。

「大家聽我說。」我打岔。「我們聚集在這裡，是爲了帶領一群男孩成爲男人。我們都經歷過割禮，知道這是男孩人生裡重要的階段。火旁的談話並沒有冒犯我或是我家人的靈魂。我很榮幸來到這裡，讓我們齊心協力，盡我們所能，爲了明天加入我們的年輕男孩，我們要 umodzi，團結！」我高舉右拳吶喊。

「Umodzi！」男人們附和，高舉拳頭。

「Umodzi！」我再次呼喊，雙拳朝天。

「Umodzi！」男人們附和，跳起身，高舉雙手。

當晚，等到所有人就寢之後，我收拾行李。

「你要走了嗎？」路克問。

「可能吧，不一定。」我把東西塞進背包。

「爲什麼？」

「我冒犯聖靈，沒資格留在這裡。我要用你教我的方式去聯絡祂們，請求祂們的原諒，允許我繼續進行儀式。我明早就會回來，到時再看是留下或道別。讓你、班和伊森失望了，對不起，路克。」

我離開時，路克給了我一大塊樹根，要我慢慢咀嚼，按照他的教導冥想，如此一來，樹根會幫我連結聖靈。我走了將近三十分鐘，找到一個隱蔽的地方，坐下來閉上眼睛，咀嚼樹根。

等我睜開眼已是早上，但視野模糊不清。前方有隻像大灰狼那樣大的蠍子捲起尾巴，蓄勢待發，土狼從我的胸口走出迎戰蠍子，蠍子刺了數次之後殺了牠。土狼的屍體灰飛煙滅，蠍子走進我的胸口，我獨坐原地，眼前變得清晰。我得到寬恕了。

回帳篷途中，我遇到外出撿柴的路克。

「看樣子你聯絡上聖靈了，祂們允許你繼續進行。」

「你怎麼知道？」我問。

「看你的臉就知道，不紅了。歡迎回來。」

我掀開衣服，紅色染料消失得一乾二淨，我還以為要一個星期才會褪掉呢。

伊森和其他參加成年禮的人都提早抵達，可想而知，伊森看到我非常開心。前三天一轉眼就過了，男孩們和各自的見證人每早齊聚上課，一直到中午第一餐才結束。吃完飯後，分成小組行動，三個男孩和見證人共六人一組，進行兩到三小時的課程。

白天最後兩個小時是男孩與見證人一對一的時間，男孩可以在這段時間盡情提問，天南地北地討論。由於見證人都不是最親近的家人，男孩的問題可以無拘無束。伊森問了許多實際而發人深省的問題，有幾個問題連我都會臉紅。他很明顯是個好奇心旺盛的學生。

第三天接近尾聲，我發現我們已經談完所有預定的內容，但還剩下兩天，正在想接下來的第四和第五天該做些什麼，答案當晚就出現了。

晚餐前，路克來找我。「關於成年禮，有件事我還沒告訴你。這件事可能會傷了彼此的感情。明大，所有男孩和見證人必須接受男人的測試。」

「不會是要我們赤手空拳去殺獅子吧？」

「當然不會，沒有那種事。」他大笑。「我們得跑。」

「你是指賽跑？」

「對，像賽跑，但不是賽跑。我們要跑到山那邊。」

「你該不會是在說姆蘭傑山吧？」我驚恐地問。

「是的，我們得在庫蘭比溪裡淨身。」

「瘋了嗎？這裡離庫蘭比溪有四十公里，我沒辦法跑四十公里，會死的！」

「沒關係，我跑過好幾次，我相信你一定會活下去。今晚的 nsima（玉米糕）能吃多少就吃多少，多喝點水。早點睡，我會來叫你起床，得趁天亮前，氣候涼爽時出發。我有個計畫，我們四個會沒事的。」

果然隔天一大早，路克就來叫醒我。他的計畫就是要我們先衝刺，接著走路，然後慢跑，反覆這個過程，直到身體超越疲累的極限，適應輕快的跑步。我們就這樣跑了好幾個小時，不知道跑了多遠，也不知道終點到了沒。

終於看到溪流了。我們不是第一名，也絕不是最後一名。我來過這條河許多次，每次都會在此停歇，飲用冰涼的山泉水提振精神，印象中，這條河看起來從未如此美麗。這趟來這裡，溪水格外冰涼誘人。

我跳進溪裡，讓冰冷的山泉水麻痺我痠痛的身軀。我加入其他人，四人沉浸在跑完全程的喜悅裡，我們相互擊掌、拍背、擁抱，讓疲憊不堪的身體得以休息。

當晚，我們圍坐在溪邊的火堆旁，共享帶來的糧食，因為數量有限，必須小心斟酌每人的配量。最後禱告感謝上帝的照顧，成年禮的教育課程也宣告結束。

之後，我們各自尋覓睡覺的地方。路克伸出手，對我說：「我們做到了！男孩們明天要接受割禮，之後再慶祝一番。班一定會很開心，你是伊森很好的見證人。」

「謝啦，路克，真是不得了的經驗。我還以為我跑不完，老天，這輩子不會再有第二次了。」

我們安頓好準備入睡，我不由得注意到這晚的星空無比清澈璀璨。我通過部落傳統的短期試煉，聯絡到聖靈取得象徵性的原諒，成功指導一名男孩成為男人，還跑完四十公里路，正感到志得意滿時，突然閃過一絲不安。

「路克，我們來到這裡之後要怎麼回去？」我說。

「我明天早上會叫醒你，再一起跑回村子。好好休息吧。」他模仿我的聲音接著說：「老天，這輩子不會再有第二次了。」路克哈哈大笑，我不禁哀號。

回來之後，村裡舉辦了盛大的慶祝會，我全身痠痛，根本一點慶祝的心情也沒有，但一到跳舞時間，我又比任何人來勁。

一夜狂歡的結果，隔天就宿醉了，我頭痛劇烈，嚴重反胃。我睜開眼（正確來說，是用手掰開眼皮），努力把視線對焦在上方的茅草屋頂。心跳聲在隱隱抽痛的頭顱裡迴響，令人難以忍受。牆壁上一個小洞就是門口，我從門口爬出去。

「早安，多可塔拉。今天早上感覺怎樣？」酋長笑盈盈地抽著菸斗，坐在椅子上搖啊搖。

「我玩過頭了，酋長。」我爬到他身旁，背靠著屋牆坐著，頭痛欲裂。

「喝這個，多可塔拉，會讓你舒服點。」

我從他手裡接過碗。「你確定這個會讓我舒服點？」我晃了晃碗裡的黑色液體。這看起來像痰盂裡的菸草汁。

「我爸叫我喝過，我也看過不少我兒子玩過頭的樣子。喝！」

我屏住呼吸，大口喝下噁心難聞的液體。不久，我趴在屋後的灌木叢中大吐特吐，直到確定苦難結束，才回到酋長身邊。

「很難說感覺舒服點了。」我挖苦道，覺得自己快死了。

「那只是第一道 mankhwala（藥），喝！」他遞出另一碗。這一碗有甜甜的柑橘蜂蜜味，味道好極了。二十分鐘後，不可思議，我眞的感覺好很多了。

早餐送上來了，有 nsima、水煮蛋和茶，一邊吃著，酋長說：「你昨晚非常有趣，多可塔拉。」

慘了，我有不好的預感。今早每個和我擦身而過的人都笑嘻嘻，對著我指指點點，我得知道原因，像個男人一樣承擔。「怎樣的有趣法？」

「你昨晚打鼓的模樣眞是前所未見。在馬拉威，我們喜歡一次只打一個鼓，但你這個 mzungu 瘋子一次擺出五個鼓，一邊打鼓一邊瘋狂唱歌。你說這叫 Wipeout，整個人像個瘋子一樣，連我們 wamkulu ① 舞者都以爲你被靈體附身了。看你打鼓眞愉快。」

我這是在爲跨文化交流而努力啊。「我還有沒有做了其他有趣的事呢，酋長？」

「你跳舞！我這輩子還沒看過男人這樣跳舞。眞不得了，所有的舞我都記得一清二楚。有搖擺舞、游泳舞、彈跳舞和大象舞。我最喜歡大家排成一列，一邊唱歌，一邊踢腳，前後跳動，你說這叫什麼舞？」

「兔子跳？」

「沒錯，那是支很棒的舞，你帶著我們繞著屋子和火堆跳舞，就像一條纏繞村莊的巨蟒。」

文化交流得分。「打鼓和跳舞。」我若有所思。「還有嗎？」

「你忘了吃 nsima 比賽了嗎？」

「很模糊，你一定會告訴我細節吧。」

「我是裁判，七名村長、四名成年禮導師和你一起坐在草蓆上，每個人前面都有一大碗 nsima，比賽誰先吃完。貴國總統一定會以你爲傲，你把其他人遠遠拋在後頭，我活到這把年紀，還眞沒見過有人吃了這麼多 nsima、喝了這麼多酒還不會吐的，你是男人中的男人！」

再得一分，代價是聲名狼藉。「我猜這一帶所有人都聽說我昨晚的表現了。」我沉重地嘆了口氣。

「那還用說，消息傳得很快。」

「呃，還有嗎？」

「還有一件事。」

「那是？」

「答應我，你明年還會再來。」

---

① wamkulu，馬拉威著名傳統舞蹈。

20 巫醫與快樂寡婦們

「大家想見識一下真正的非洲巫醫，他們說只有一個人可能會認識，那就是你。是真的嗎？」所有女士滿心期待地傾身向前。

「是的，事實上，我正好認識這樣一個人，他也會很開心認識妳們。他居住在喬洛陡崖，沿途風光秀麗，但路途艱辛，至少得花四個小時才到得了，一路上都是荒煙蔓草，沒有廁所。如果這樣也沒問題，我很樂意安排你們見面，我會親自帶你們過去。」

某天早上，喬安來到我的辦公室，她是名討人喜歡的蘇格蘭朋友，嫁給在英國農學院認識的非洲白人吉姆．麥奎格。在喬洛縣往南四十分鐘路程，吉姆經營一座菸草園。兩人來到馬拉威的時間和我差不多，喬安和我一樣都是新來的，看非洲的角度相似。對其他非洲白人來說稀鬆平常的事，但我們來說卻是陌生又好玩，跟她聊天很有趣。

在這個特別的早上，我正在替狗結紮時，她跑來找我。縫合完畢後，我在辦公室和她喝茶。她是來邀我和她來自英國的親朋好友聚餐。

喬恩的姑姑艾蜜和好友們是一群有趣的寡婦，自組了一個社團，取名為「快樂寡婦俱樂部」，經常聚在一起玩牌、吃飯、看戲。不僅如此，還會出國旅遊，這趟是她們首次的非洲冒險。

那天下午和她們在一起很開心，吃完美味的午餐，正在享用甜點時，喬安說，艾蜜姑姑想要請我幫個忙。

「大家想見識一下眞正的非洲巫醫，問過吉姆和喬安，他們說只有一個人可能會認識，那就是你。是眞的嗎？」

所有女士滿心期待地傾身向前。

「是的，事實上，我正好認識這樣一個人，他也會很開心認識妳們。他居住在喬洛陡崖，沿途風光秀麗，但路途艱辛，至少得花四個小時才到得了，一路上都是荒煙蔓草，沒有廁所。如果這樣也沒問題，我很樂意安排你們見面，我會親自帶你們過去。」

經過短暫討論，快樂寡婦們言明可以忍受舟車勞頓。幾天後，我們坐上吉姆的車出發，下午抵達時，姆津巴大夫正要出門巡視。我一一爲他引見快樂寡婦的成員，大家紛紛遞上茶、糖、玉米粉、米、蛋和新鮮蔬果作爲見面禮。

姆津巴大夫是個迷人的主人，他帶著女士們四處參觀，結束之後，女士們邀請姆津巴大夫和他的員工一起享用喬安準備的豪華午餐。醫院院子中央鋪上草蓆，大夥兒席地而坐，大啖烤雞、烤牛肉、烤豆、馬鈴薯沙拉、烤餅、現烤麵包、水果、蛋糕和冷飲。

雙方彼此詢問和回答了許多事，艾蜜姑姑問我姆津巴大夫是否能預言未來。我轉述，他淡淡地聳肩。「當然，請女士們在草蓆上圍坐成半圓。」接著他走進屋內。

女士們宛如興奮的女學生，嘻嘻哈哈地找到位子坐下。姆津巴大夫回來時，手中多了一個小袋子，他跪坐在女士們前方，逐一握住每個人的手，仔細審視之後，凝視對方眼睛，但沒有一人能留住他的視線。最後，他坐了下來，最先向艾蜜姑姑看過去，跟她索取一夸加，收下錢後，搖晃袋子，把裡面的東西倒在地上。七根小骨頭滾了出來，停在她面前。

姆津巴大夫端詳骨頭陷入沉思，接著緩緩開口：「六年前，妳的丈夫因為心臟毛病去世。」他指著自己的心臟。

艾蜜姑姑倒抽一口氣，小聲地說：「他怎麼知道？」

姆津巴大夫接著說：「妳的丈夫過世後，妳嚴重酗酒，是現在坐在妳身旁的這位姊妹幫助妳戒酒，從此妳就滴酒不沾。」

我望著大家目瞪口呆的表情。

「妳有三個孩子，最大的是個男孩，第二個也是男孩，最小的是個女孩。令人心疼的是，她和她的丈夫四處求醫，至今還是膝下無子。給妳個好消息，妳的女兒懷有一對健康的雙胞女孩，回家後，她就會告訴妳這個好消息。恭喜妳！」

艾蜜姑姑欣喜若狂，眼淚奪眶而出，暫時離開了位子。姆津巴大夫向下一名女士安收取一夸加，再次擲出骨頭，說出她的丈夫死於酒精中毒，正確描述出她每個孩子，同時斷言，安明年會多兩名孫子，失業四個月的三兒子也會在她返家之前找到新工作。安開心不已。

下一個人是荷莉。她似乎不像其他人一樣熱衷，心不甘情不願地給了姆津巴大夫一夸加紙鈔。他搖搖袋子，倒出骨頭，認真凝視良久，再抬起頭來時，我瞥見他眼中的淚光。

他轉向我，低聲說道：「多可塔拉，我得私下跟這名女士談談，請你先帶其他人離席。」

艾蜜、安、派特和我走到不遠的地方，我看著姆津巴大夫傾身說話，荷莉倒抽一口氣，雙手掩面啜泣。姆津巴大夫溫柔地拉下她的手，若有所思地直視她的雙眼，微笑地說了某些話。

接著，荷莉走進樹叢，姆津巴大夫揮手要我們回去。走回去的路上，艾蜜姑姑說，許多年前，荷莉要替丈夫和兒子準備大餐，怕他們礙手礙腳，就叫他們去商店，結果回家途中出了意外，荷莉從此自責不已。她相信姆津巴大夫一定在骨頭裡看見了這些往事。

輪到派特了。她遞出一張夸加紙鈔，姆津巴大夫丟出骨頭。他仔細研究了一會兒，用手撫摸骨頭，接著不發一語撿起骨頭放回袋子，再次搖晃袋子倒出。我們看到他盯著骨頭，然後收起它們。

「替荷莉女士算命耗盡了我的力氣，我是個老頭子了，無法解讀。我得回屋子休息了。祝各位一路順風。」說著，他把鈔票還給派特。

開車回家的路上，派特問：「瑞博，姆津巴大夫說他太累了，所以沒辦法替我解讀骨頭，你覺得他說的是眞的嗎？」

「爲什麼不是眞的？他上了年紀，替荷莉的解讀又令人傷感，看得出來他替荷莉感到心痛。」

「你確定他不是因爲看到什麼不好的事，不想告訴我，才說他太累了吧？」派特問道。

車內一陣靜默。

「派特阿姨，我認識姆津巴大夫好一段時間了，他如果說他太累了，不能解讀，那就眞的是太累了。萬一解讀錯誤，可是會壞了名聲，就只是這樣而已。往好的方面想，妳省了一夸加。」

過了兩個月，我在喬洛陡崖工作，當晚借宿在姆津巴大夫家裡。我們一起享用了晚餐，餐後坐在門廊喝茶。

「多可塔拉，還記得你帶來的那幾位 azungu（白人）女性嗎？」

「當然，來拜訪你可是她們整趟旅程的高潮呢。」

他淺淺一笑，神情轉爲哀傷。

「替我最後沒能爲她解讀的那位禱告吧。骨頭預言了兩次，很快地，這裡就會流血。」他指著自己的頭。「她將走得很快，不會有任何痛苦。替她禱告吧，我現在要進屋去禱告了。」他從椅子上起身，走了進去。

三個星期後，喬安順道造訪我，捎來了壞消息。她收到艾蜜姑姑的信，信上說派特因爲嚴重中風過世了。骨頭的兩次預言成眞。

21 不著調的救援物資計畫

我坐在史帝夫身旁，面前放著井然有序的文件，詳述發送給難民的物資、地點、日期和時間。

史帝夫湊近我耳邊低語：「我覺得很好，你呢？」

「看起來是不錯，但沒有幫助，也不會有用。」

「哈囉，我可以進去嗎？」門口傳來低沉的嗓音。

我從報紙抬起頭，看見史帝夫．包恩的笑臉，他來自科瓦札教會教學醫院。在互相握手致意時，吉兒端著托盤走進來。史帝夫坐下後詢問我的工作狀況，我也探聽起他在醫院的種種，喝掉一整壺茶後，才把從上次見面到現在的空白填滿。

而後，他說明來意。

「瑞博，我受邀參加下星期在布蘭岱舉行的會議。就我所知，有個美國富豪想要援助喬洛縣和姆蘭傑縣的莫三比克難民，要我也出點力。如果你能空出時間，我希望你跟我一起去。」

「我會騰出時間，算我一份。」

「好極了，我下星期二早上十點來接你。會議地點在芒特索徹酒店，提供午餐。」

我那天已經安排好要爲牛隻驗孕，因此要史帝夫和我直接在飯定碰面。但幸運女神很不賞臉，會議當天早上，簡單快速的驗孕一點也不簡單快速，再加上有兩隻牛難產，更花掉我不少時間。

出診結束之後，我脫掉工作服，跳上摩托車趕往飯店。我分秒必爭抵達飯店，飛奔到會議室，找到史帝夫時，他正在跟另外兩個男人說話。

史帝夫醫師向他們介紹我是他的助手，我看到每個人打量我的眼光，想必他們正在懷疑我是哪門子的助手。史帝夫西裝筆挺，容光煥發，我則是T恤搭綠色工作長褲，腳穿褐色皮靴，全身覆滿紅色沙土、血跡和胎液，再加上一頭長髮，濃密的鬍鬚，滿臉乾涸的血跡和牛糞，都讓我看起來很不專業。不過，每個人還是笑盈盈地前來和我握手致意。

只有兩個人例外。第一個人是強森·戴通，負責這次計畫的美國人，第二個是巴基斯坦商人哈希·哈希，也是我認識的人裡最無恥的商人之一。戴通直接無視我伸出去的手，哈希則乾脆轉過身，假裝沒看到我。戴通的冷淡出乎意料，哈希的反應則不令人意外，畢竟我之前跟他有過不少爭執。他是個聲名狼藉的傢伙，我很納悶他是怎麼混到這項計畫裡的。

戴通宣布會議開始。我坐在史帝夫身旁，面前擺放著井然有序的文件，詳述發送給難民的物資、地點、日期和時間。

史帝夫湊近我耳邊低語：「我覺得很好，你呢？」

「看起來是不錯，但沒有幫助，也不會有用。」我低聲回答。

「不好意思，瑞博醫師。」坐在桌首的戴通冷冷地道。「你願意跟在座的人分享你的意見嗎？」

我深吸口氣，砲火猛烈地說：「我是瑞博醫師。戴通先生，你的用意值得欽佩，但你的計畫毫無效率，幫不了莫三比克難民，只是浪費時間和金錢罷了。」

現場一陣靜默，坐在戴通左手邊，一位年約六十、體型肥胖的紳士率先開口。

「我的名字叫卡爾．賽文森。我很想聽你的想法，說說爲什麼我們的計畫是浪費時間和金錢。」

「第一個問題在於單子上的第一個品項。塑膠桶是浪費時間，根本不耐用；水桶是很棒的點子，也是必需品，要給就給金屬製。」

「金屬桶子更貴，運費也更高。」戴通先生提高聲量，顯然認爲我是個笨蛋。「塑膠桶比較省錢，多出來的錢可以送更多物資給難民。」

「戴通先生，這裡的人會在三塊石頭之間生火，然後把一桶水放在石頭上。在消息傳出去之前，許多女人會把你們的塑膠桶放到火上去燒，最後，桶子不但壞了，還會製造有毒濃煙，火也白白浪費掉了。女人得走一個小時去提水，再用手提著走回來，如果看到辛苦提回來的水從燒掉的桶底流出來，肯定不會開心。別笑，以前發生過。」我解釋。

「太荒謬了。」戴通先生不採信我的話。

「很有趣，請繼續說。」賽文森說。

「第二個品項，食用油派不上用場。這裡的人不用油炒菜，什麼都用煮的。你們的食用油最後會流進黑市，唯一受惠的是黑市商人。你們打算要送出去的玉米也有問題。玉米是什麼顏色？」

「玉米顏色又有什麼關係？」戴通先生的臉開始漲紅。

「關係可大了。這裡的人種白玉米，磨成粉來煮成玉米糕，這是他們的主食。他們不喜歡黃玉米。如果你們給了他們黃玉米，這時有人出現，提議用一公斤的白玉米換三公斤的黃玉米，難民絕對會熱烈歡迎，說不定還願意用五公斤去換。給他們黃玉米，只會讓他們被人佔便宜而已。」

我繼續激烈批判：「說到欺騙難民，當然不能漏掉哈希貨運的哈希先生。他是運送物資最糟的人選。我猜他會用十分之一的價格買下那些油，再用兩倍的市價賣給這裡的人。你打算開多少行情買難民的玉米，哈希，四公斤黃玉米換一公斤的白玉米？」

「你不要血口噴人。各位，這個男人不但卑鄙，還是個騙子，千萬不能相信他。」他說，和我怒目相對。

「如果是這樣，容我請問一下，這些發送點是誰選的？」我冷冷地問。

所有目光集中在桌首的戴通。他清清喉嚨後說：「我找哈希先生商量，他給了我最適合發送物資給難民的地點。」

「冷血小偷！搶走飢餓孩子們口中的食物，會如何遭到阿拉的懲罰呢？你這個貪婪的混蛋！」

「我不是小偷！」哈希衝口而出。

我佔了上風，吐出腦中能想到最侮辱人的形容。「你這個狗娘養的騙子！」很幼稚，但套用在哈希身上感覺很好。「各位先生，地圖上標示的這幾個發送點，問題在於這裡根本沒有難民。難民沿著邊境紮營，這些地點都在內陸。」我進一步解釋。「你們會發現，這幾個點都有一間小雜貨店。表面上，店主人是當地的馬拉威人，但眾所皆知，每一家商店的合夥人都是哈希先生，他擁有八成的股份，馬拉威合夥人不過是個約聘奴隸。我在猜，哈希先生會在每個地點召集一群馬拉威人領取你們的物資，再便宜買下。」

哈希活像一隻準備出擊的眼鏡蛇，就要從桌子那端撲過來殺了我，我私心希望他眞的這麼做。我認識不少受害者，恨不得爲他們執行一點街頭正義。

「各位冷靜。」賽文森強硬地說。「我很不想這麼問，但你有找出其他問題嗎？瑞博醫師。」

「保險套，太浪費錢了。」

「瑞博醫師，你一定知道愛滋病正在非洲肆虐，沒想到你這個專家居然不支持送保險套。」戴通先生自以爲是地說。「捐贈者明確要求救援物資裡一定要有保險套。」戴通先生一臉扳回一城的表情，史帝夫和我面面相覷，回想起我們那慘敗的保險套計畫。

「好主意。在座有哪位願意撥冗替這裡的人示範使用方式呢？他們沒聽過保險套，對保險套的作用也懵懵懂懂。上一次的救援物資計畫，自作聰明地發了附有說明書的保險套，問題是，他們把說明書釘在保險套上。」我說。

「各位，這就是爲什麼這麼多救援物資計畫會失敗，因爲大家都不做功課。要知道，當你一星期只有七十五元可以幫助人的時候，眞的很難眼睜睜看著有人這樣浪費錢。還有一件事，在這張桌旁，我沒看到任何一張馬拉威臉孔，有人跟當地官員聯絡過嗎？沒有？爲什麼？」

「瑞博醫師，我們是擔心政府貪污，哈希先生建議我們不要找他們商量，才能讓難民拿到更多救援物資。」

「眞是天下烏鴉一般黑。我無意冒犯，但他的企畫案是個笑話。」我收拾好自己的東西，傾身跟史帝夫醫師低語：「對不起，讓你丟臉了。」然後離去。

我氣炸了，爲了宣洩沮喪，回家路上我繞去橙縣的擠乳棚找點事情做。等我回到辦公室，停好車，只見史帝夫的車停在前方。我卸下行李時，可以在敞開的門內看見他等待我的身影。可能是來痛罵我一頓的吧，只能硬著頭皮上了。我鼓起勇氣走上階梯。

「你就是好醫師瑞博吧！」他笑嘻嘻地說。

「嗨，史帝夫。會議的事眞抱歉。」

「不必抱歉，你讓我臉上有光。還記得那個叫賽文森的人嗎？」

「當然，他不但叫對我的名字，還問了聰明的問題，看起來比那個笨蛋戴通更熱衷於這個企畫案。」

「一點也沒錯。他把戴通、哈希和在場所有人都解雇了。多虧你的建言，現在換成金屬桶和白玉米，不過保險套和食用油已經備好了，沒辦法處理。但好消息是，由你來選擇發送點和貨運公司。」

「我嗎？」我大爲震驚。

「其實，捐贈人是一九六〇年代來到馬拉威的和平工作團志工。你說你工作一星期才賺七十五元，卡爾把我拉到一旁，想知道那是什麼意思。我告訴他，你是和平工作團志工，是這幾區的獸醫官，所以我邀請你過來。他開心死了。」

「眞的？」

「眞的！卡爾接收企畫案，延長逗留時間，要確認一切符合捐贈人的期待。他打算去視察物資發送地點。他明天想跟你見個面，這是他的電話號碼。」

我聯絡卡爾，他堅持要來辦公室找我，親眼看看我工作的地方。我們約好近午的時間碰面，一邊喝茶一邊討論貨運的選擇和發送點。我建議卡爾把發送的物資市場價格寫上去，因就我所知，難民會拿去交易或販售。

我在馬拉威看過不少救援物資計畫，送的都是一些沒用的東西，主導計畫的人則是領高薪、開嶄新休旅車的傢伙。收入高、免繳稅、過著上層社會的生活，卻把大筆大筆的金錢揮霍在一開始就注定失敗的案子上。

能眞正幫助到人的話，即使是棉薄之力也很好。

「對了，」卡爾在離去之際說：「你覺得這裡的人會怎麼使用我們發出去的保險套？」

「不知道。別擔心，他們不會浪費，會想到辦法物盡其用。」

發送完物資後兩天，我馳騁在連接姆蘭傑縣和喬洛縣的大馬路上，遠遠地，我看見一群人搬著一桶桶十公升的食用油。我靠近看個仔細，如果你不需要或買不起十公升桶裝的油，有個簡單的解決辦法：他們有攜帶方便的一公升包裝，就裝在包險套裡。

不會吧！我兩手來回把玩著這個裝滿油、外形像魚雷的玩意。不知道是哪個牌子的保險套，還眞是堅固耐用，不知道油裡混入避孕膠凍和潤滑劑是什麼滋味。

「你想買嗎？我可以算你便宜一點喔！」其中一名小販把兩條塞滿油的魚雷遞到我面前。

我微微一笑，問：「一桶多少錢？」

22 生病會影響名聲？

要是知道我病了，連自己都治不好，大家會怎麼想？
如果我跟你去醫院，我的人生就毀了，跟死了沒兩樣。
我會失去我的惡名昭彰。

我每星期都會到沙迪一趟，當地的擠乳棚有四十五名勤奮的小酪農，艾納巴達威醫師的莊園就在不遠處，無論多忙，只要來到附近，我一定會前去拜訪他們全家。

我剛替好幾頭牛做完產檢，是時候去拜訪艾納巴達威醫師了。我繞到屋後，避開看守前門的土狼。第一次拜訪時，默默示意我進屋的男孩傑克森突然冒出來迎接我。

「嗨，傑克森，Muli bwanji（你好嗎）。」

「Ndili bwino（我很好），Muli bwanji（你好嗎），多可塔拉。」造訪多次之後，傑克森終於逐漸不再畏懼我，如今可以直視我說話了。

「Ndili bwino inenso（我也很好）。最近怎麼樣啊，傑克森？」

「出大事了。艾納巴達威醫師把自己關在屋裡五天，一次都沒出門，也不讓人進去，他一定是在製造強大的咒術。」

「你覺得我可以進去嗎？」

「那就是你的死期了。祝你好運。」

我走到後門大喊：「早！」艾納巴達威醫師的妻子瑪莉一手拉開蓋住門的草蓆，一手抓著我的手，把我拉進屋裡。

「謝天謝地，你來了。瑞博，請救救丹！」她懇求，帶我來到臥室。我看見渾身顫抖冒汗的丹，他虛弱地微微一笑。

「我看起來怎麼樣，醫生？」他輕聲說。

「糟透了，你病多久了？」

「一、兩天吧。」他說。

瑪莉打岔：「他病了至少六天，不肯找人幫忙。」

我一手放上他的額頭，他在發燒；我拉下他的眼瞼，原本粉紅色的部分幾乎血色盡失。

「你染上嚴重的瘧疾，我親身體驗過，我帶你去醫院吧。」

「不行，瑞博，我不能去。」他打著顫說。

「你病了六天，可能得輸血，我們現在就出發。」

我兩手正要撐扶他起身，他懇求我：「等等！瑞博，請先聽我說。」

「好。」我拉來一張椅子，坐在他身旁。

「瑞博，你知道我會幫助人對吧？要是知道我病了，連自己都治不好，大家會怎麼想？如果我跟你去醫院，我的人生就毀了，跟死了沒兩樣。我會失去我的惡名昭彰。」

我仔細想了想，不得不同意他說得有道理。「我懂了。不如我晚點再過來，趁著夜色的掩護送你去醫院。」

「別白費力氣了，不管怎樣隱瞞，我一旦去了醫院，消息就會曝光。我不能離開屋子。」

我看向瑪莉。「妳要我怎麼做？」

她示意我跟她離開臥室。「丹是個好人，但他深信如果消息傳出去，他就會失去力量，他很害怕。你能在這裡做點什麼幫幫他嗎？」

我搖搖頭。「他需要的藥品和療法我都沒有。」

她拉著我的手。「我很抱歉。我從沒看他病得這麼重過。」

我看向窗外，腦中突然閃過一個點子。「我得走了，兩、三個小時後我會帶救兵回來，你們別無選擇，只能相信他。」

抵達卡布庫教會醫院時已然天黑，大衛醫生正在夜間查房。我耐心等待，直到有機會跟他說話，我稍加解釋艾納巴達威醫師的情況，詢問他是否能到艾納巴達威家出診。

「想都別想！如果他需要我的幫助，叫他自己過來。如果他傲慢到不肯過來，那就讓他死在自己的迷信之下。」

我不敢相信自己的耳朵。「你這個頑固、自我中心的豬頭！就因爲他用不同的方法學習醫術，你要這樣見死不救？你許下的希波克拉底誓言都跑哪去了？幫我抽血，給我最有效的治瘧疾藥，我自己去救。我是RH陽性O型血，可以捐血給任何血型。快抽吧，我趕時間。」我伸出光裸的手臂。

我們兩個怒目相對好一會兒，大衛才打破沉默：「我去拿點東西再走！」他咆哮。

來到艾納巴達威醫師家時，瑪莉跑向大衛，一把抱住他。

「大衛，我好高興你來了。瑞博說要去討救兵，沒想到那個人是你。」她說。

「你們兩個認識？」我目瞪口呆。

「是。」大衛簡短地說，一轉身，跟瑪莉說話的語氣柔情似水。「妳和女孩們過得好嗎？」

「我們很好，大衛，可是丹需要你的治療。快來，我們晚點再聊。」她領著我們進入臥室。

丹看到大衛可就一點也高興不起來，他氣呼呼地抗議。

「閉嘴。我原本是想讓你爬到我的醫院來求我治療。」大衛說。

丹兩眼冒火瞪著他好一會兒，接著癱軟躺回枕頭上。「我也愛你，親愛的哥哥。」他虛弱一笑。

「你們兩個是兄弟？」我詫異地問。

「同母異父兄弟，要是你說出去，我會宰了你。」大衛大吼。

「別擔心。」我哈哈大笑。「要是我說優秀的伊華班尼醫師和艾納巴達威醫師是兄弟，會被人鞭打浸羊槽的。」

「輪到你貢獻。」大衛對我說。「你上次捐血是什麼時候？」

「三個月前。」我撒謊，事實上我六個星期前才捐了半公升的血給一名需要輸血的朋友。

我隨即抽出半升的血液，大衛把血加入正在替丹輸入維生用奎寧的點滴裡。我感到頭昏眼花，身體左搖右晃，抽完最後一點血後，我倒了下去。

「好極了。」大衛抬起我的腳。「不只一個，我得治療兩個白癡。」

大衛替我的手裹上繃帶，我向他保證我沒事，他撐扶我起身。「得走了，瑞博，必須趁天亮前離開，免得被人撞見我來這裡。要是這男人還需要我的治療，你就得把他帶來找我，懂了嗎？」他強硬地說，一邊收拾東西。

「我懂了。」我溫馴地回答。真想知道他們的歷史。

我們走向房門，丹倏地打住腳步，回頭看了眼瑪莉，然後是丹。我看到他垂下肩膀，放下藥袋，走到丹的身旁，輕撫著弟弟的額頭。「別擔心，沒事的，弟弟，你會好起來。」

丹抓起大衛的手放在自己的臉頰上。「好久不見了，血濃於水的哥哥，謝謝你在我犯蠢時還願意支持我。一路順風。」他說。

「我會的。保重，弟弟。」大衛笑著牽起丹的手放在自己的臉上，緊緊握著。「好好照顧他，瑪莉。」他擁抱一下她。「別讓他惹上麻煩。」

回到大衛醫師的醫院時，已是破曉時分。

「你做了好事，大衛，zikomↄ（謝謝）。」我伸出手。

「Zikomo。」他緊握我的手。「我可能有好長一段時間不會再見到我弟弟了。」

「為什麼？」

「Chikhalidwe chabwino。」

「名聲？」

「你也聽他說了，他永遠不能來找我，就怕人們以為他失去力量。同樣的，我也不能去他家，人們會以為我的藥效太弱了。這是新舊之間的傳統戰爭，兩者無法混為一談。」

我想了一下。「你們兩個明明是聰明人，怎麼會那麼笨？既然那麼擔心名聲，為什麼不在中立地帶見面呢？還記得我們今晚經過的那間休息小屋和餐廳嗎？差不多就在醫院和丹的家中間。他自己有台皮卡貨車，你也可以搭巴士來回；如果沒巴士，我可以送你去，我們可以來個三方醫學會談。」我建議。「這樣滿酷的，我們可以約個時間吃飯，聊一整個下午。如何？」

我發動摩托車，揮手道別後揚長而去，從後照鏡裡瞥見大衛笑容滿面地揮手。

回家路上，我順路到艾納巴達威醫師家去查看他的狀況。瑪莉做得很好，丹睡著了，完美無誤。

我準備離去前，傑克森來找我。「昨天晚上，我看到你帶著卡布庫教會醫院的伊華班尼醫師來這裡。」

該死，我心想。

「可憐的伊華班尼醫師，他一定是病得很嚴重，才會需要艾納巴達威醫師。他會好起來吧，多可塔拉？」

「伊華班尼醫師？啊，是啊，我想他會很好的。事實上，跟他道別時，他看起來好多了。傑克森，我相信你一定知道，要是被人知道伊華班尼醫師來過這裡，會有損伊華班尼醫師的 chikhalidwe chabwino（名聲）。」

「別擔心，多可塔拉，我來自卡布庫教會醫院附近的村莊，他救過村裡許多人，我絕對不希望他或他的名聲受到任何傷害。這件事我將絕口不提。艾納巴達威醫師怎麼樣了？」

「他非常疲累，需要靜養好幾天。」

我一路馳騁回辦公室，腦中千頭萬緒。艾納巴達威和伊華班尼這對兄弟代表了舊和新，在非洲各有需求，各佔一席之地。

23 參與驅魔儀式

「這個男人被邪魔附身，跟現代醫學無關。」

「邪魔附身該怎麼辦？」

「驅魔囉，你得來幫我。」他話一說出口，我便停住腳步。

「我？幫什麼？」

他轉身，言簡意賅。「禱告和禁食。」

「多可塔拉，有個有趣的病例，我需要你的協助。」

今天拜訪姆津巴大夫的醫院時，出於某種原因，我們加快日常巡房的腳步，甚至略過產科小屋，來到院子遠遠的另一端，停留在一間小屋。一名男子躺在草蓆和毛毯上，手腕、腳踝以襯墊保護，四肢被綁在木椿上。我隨即想到狂犬病。

「我要你好好觀察這個男人。」

我正要詢問他被綁住的原因，就見他開始激烈扭動，口吐穢言，姆津巴大夫的其中三名助手在現場確保這個男人不會傷害自己。等到他平靜下來後，姆津巴大夫說：「我等等回來聽你的報告。」

兩個小時後他回來了。「有什麼發現嗎，孩子？」

「我觀察這個男人兩個小時又十一分鐘。」我翻閱剛才寫下的筆記。「在這段時間，他癲癇嚴重發作二十三分鐘，滿口髒話三十分鐘，茫然無知三十七分鐘。他唱歌、胡言亂語、大哭、大笑，所有情緒幾乎都走了一回。期間沒什麼大動作，也沒有抓狂。有四十一分鐘處於我所謂的一般狀態，這時你的助手可以餵他少量的食物和水。飲食方面沒問題。」

「非常好，多可塔拉，說說你的診斷結果。」

「姆津巴大夫，這超出我的專業，我沒有相關經驗。」

「拜託了，說說你最好的評估。」

「我最好的評估是，這個男人長了腦瘤，腦袋不正常放電，導致反覆無常的奇怪行爲。」我接著說：「也可能是心理問題，一種接近精神錯亂的思覺失調。最後一種可能性是梅毒引起的腦膜炎。」

「或是著魔。」姆津巴大夫說。

「你在開玩笑。」

「當然不是。這個男人被邪魔附身，跟現代醫學無關。」

「邪魔附身該怎麼辦？」

「驅魔囉，你得來幫我。」他話一說出口，我便停住腳步。

「我？幫什麼？」

他轉身，言簡意賅。「禱告和禁食。」

「禱告和禁食？」一聽就知道我在懷疑他，這下不妙了，姆津巴大夫挺直身軀，宛如眼鏡蛇般蓄勢待發。

「坐下！」他喝令。我跪坐在院子正中央。「等著！」他命令，踩著O型腿離去。我看著他走進主屋，納悶自己還得在原地坐多久，沒多久，他拿著一本書回來。「拿去！這是聖經，聽過吧？」他說。

「當然，姆津巴大夫，我從小就是個天主教徒。」

「翻到馬可福音第九章，把第十四節到二十九節讀出來。」

我一頁頁翻找。

「在後面，新約聖經那部分。」他不耐地催促。

「我知道，等一下，Abambo（父親），你這本聖經破爛得快解體了，我不小心點的話，就會四分五裂散落一地。好，我找到了。」

「讀吧！」他要求。

我坐在地上，大聲朗讀耶穌替一名男孩驅魔的故事。姑且不論文章裡的用詞遣字，字裡行間所描述的徵兆，跟我在這名男子身上觀察到的非常相似。我記得故事的最後，耶穌說：「在信的人，凡事都能。」然後驅走了男孩身上的邪魔。

我抬頭望著姆津巴大夫，他只說了句：「繼續。」故事來到門徒問耶穌，爲什麼他們無法自己驅魔，他的回答是：「只有禱告和禁食才得以驅趕。」

我闔上破舊的聖經，抬頭望著姆津巴大夫。

「看到沒？禱告和禁食。起來吧，孩子，茶準備好了。」

我隨著姆津巴大夫來到小門廊，喝著茶聆聽他的計畫。

「在接下來的十一天禱告、冥想、準備好你的心。下星期五晚上過來一趟，星期六要開始淨化。選中你，是因爲你有一副好心腸。」

我不發一語。

「這個男人需要你，多可塔拉，你要幫忙嗎？」

「姆津巴大夫，只要你開口，我什麼都願意做。我明白這很重要，但我的心地不像你說的那樣好。」我羞愧地低頭。

「多可塔拉，看著我。選擇你的人不是我。唯一看透你心的人，就是選中你的人。還記得跟獅子奮戰的事嗎？」

我點頭，想起姆津巴大夫曾說過，祖靈幫助我，是因爲我有未完成的事。「你認爲這就是我要完成的任務？」

「誰知道呢？但我認爲這是你必須承擔的任務，如果你不夠格就不會被選中。你要救這個男人嗎？」

「要。」我下定決心。「我會盡力而爲。」

隔天破曉前，我離開姆津巴大夫家，直接前往查德札天主教堂和教會學校，剛好趕上早晨彌撒。司儀是派翠克．歐雪神父，輔祭是麥克．墨菲神父，從名字就知道這兩個人來自愛爾蘭。

儀式過後，我在聖所攔住兩位神父。

「進來坐吧，年輕的叛逆者。」麥克神父操著濃濃的愛爾蘭口音說。

「在這個美好的早晨，有什麼事嗎？」派翠克神父的口音更爲濃厚。

「首先，我想告解。信不信由你，我是受洗過的天主教徒，我想要盡快告解我的罪過。」

兩名神父聳聳肩。派翠克神父穿上祭衣，默默禱告了幾句，轉身對我說：「開始吧。」

我盯著自己的腳，集中精神。我最後一次告解是好久以前的事，待告解的罪項有一長串，得花好一會兒才能說完，之後，我準備好要贖罪。

「在赦免你的罪之前，孩子，我可以問問，爲何你急著選擇現在告解嗎？」派翠克神父問道。

我把姆津巴大夫醫院的事一五一十說出來，包括著魔的男人、姆津巴大夫的驅魔計畫，以及我所認知自己在計畫中擔任的角色。告解是我的第一步，接下來十天就是禱告和冥想。說完後，神父面面相覷，然後看著我。

「你等等。」麥克神父說。

兩人離開房間，半小時後他們回來了，並把手中的三本書遞給我。

「能讀多少就多少，但要特別留心我們標註的頁數。下星期五回來還書，到時我們再來詢問你。平平安安地去吧！」麥克神父解釋。

我大為震驚。「那我的懲罰呢？不用唸一大堆天主經和瑪莉經嗎？」

「你的懲罰就是閱讀這幾本書，與神同行，從你的兄弟耶穌那裡尋求平靜和力量，你會需要他的。」

接下來十天，我埋首苦讀三本書和聖經。時光飛逝，星期五早上，在前往姆津巴大夫的醫院前，我再次來到查德札天主教堂參加早晨彌撒，之後走向聖所。

「打擾了，神父。」我在門口探頭看。「我來還書。」

「進來，老弟，需要告解嗎？」麥克神父說。

「今天不用。除了做了幾個比較色情的夢之外，我一直很乖。做什麼夢不是我能控制的，所以也不是什麼罪惡吧。」

神父們莞爾。

「讀完有什麼感想？」

「讀得很慢，很深奧。」

「可以問幾個小問題嗎？」他問。

「請說。」我說。

「基督徒會著魔嗎？」

「基督徒可能被撒旦和魔力影響或折磨，但不會被惡魔附身，因為每個信徒心中都住著聖靈。有聖靈在家，惡魔不敢靠近。」我還能引述書中的章節來支持我的答案。沒想到我居然記了這麼多內容，顯然神父也嚇到了，當我說完時，兩人都目瞪口呆地往後靠。

麥克神父問：「你有驅逐惡魔的力量嗎？」

「當然沒有。能藉由上帝之力來驅魔的人只有耶穌和使徒。但這並不代表上帝今天不會顯現奇蹟，或解救被附身的人。」我回答。

「做得好，瑞博，以你所學，你要如何驅逐這個惡魔？」麥克神父問了一個微妙的問題。

「我剛說到，我沒有驅逐這隻或任何惡魔的力量，只有上帝擁有那種力量。但就我反覆讀到的內容，結論跟姆津巴大夫說的一樣：禱告和冥想。」

神父非常滿意，我們接著討論起新約聖經裡所描述的信仰力量，故事裡，耶穌能治癒那些人，是因爲他們相信耶穌。「神父，我有信仰。神會幫忙。」

「聖徒受表揚。派翠克，這位老弟已經準備好了。」麥克神父說。

「我同意。我們現在能給你的就是祝福。低下頭吧，年輕的叛逆者。」派翠克神父說。我接受賜福，啓程出發。

我在日落時分抵達姆津巴大夫的住所。我把摩托車停在他家旁邊，他前來迎接我。「進來跟我喝杯茶吧。」

我們落座，姆津巴大夫問：「你現在感覺如何？」

「很緊張，但已經盡力做好準備了。」

「為什麼緊張？」

「挑戰，以及未知的前方。我想我最緊張的就是未知的部分。」

「很有趣。說說看，當耶穌被逮捕時，門徒當下是什麼心情？」

我喝了口茶，沉思片刻。「嚇壞了，絕對是嚇壞了。老師被帶走了，少了牧羊人，他們就像一群迷途羔羊。」

「我同意，再來說說看耶穌復活之後門徒的心情。」姆津巴大夫說。

我慢慢啜飲了一口。「勇敢無畏，全神貫注。他們冒著被鞭打、監禁和死亡的危險，走向世界宣揚這個好消息，非常清楚每一天都可能是他們的最後一天。」

「一點也沒錯。預言成真，耶穌戰勝十字架上的死亡。門徒面對的未知、威脅和危險並未改變，但他們在耶穌復活的奇蹟中找到勇氣。這就是我們現在的使命。去休息吧，孩子，kwacha（破曉）時見了。」

當天晚上，我輾轉難眠，祈求自己已經準備好面對前方的一切。隔天破曉時分，我醒來，迅速換好衣服，鑽出姆津巴大夫的客用小屋，發現他正把七張草蓆排成一列。我跑上前去幫忙，最後一張草蓆擺好之後，其他六名男人也來了，全是我服務過的對象。其中兩人是大人物村長，另外四人是在喬洛陡崖嚴苛環境下求生存的農夫。

姆津巴大夫各派了一名隨侍給每個人。分配給我的是一名十三歲男孩，名叫提姆．馬卡尼。我們脫掉全身衣服，腰際圍上花布，姆津巴大夫吩咐我們坐下。

我們開始淨化自身。隨侍們端給每人一碗氣味難聞的黑綠色液體。「喝！」姆津巴大夫喝令。

我深吸一口氣，猛灌下去，差點沒吐出來。從其他人的表情看來，他們也好不到哪去。

「跟著隨侍走吧。」好大夫指示。

各組往不同的方向走去，我隨著提姆進入草叢，沒多久來到一塊小空地。空地上剛挖了一個洞，深一米，寬不到一米，泥土整齊地堆在一旁。

「多可塔拉，這是給你的洞。」提姆說。

我還沒說話，肚子突然一陣絞痛，我跪了下來，趴在洞口上狂吐，就像把過去一個禮拜吃進去的東西都還回來了。附近草叢紛紛傳出聲音，聽起來其他六個人也在經歷同樣的事。

吐完後，我站起身，提姆遞來一條濕毛巾。我擦擦臉，提姆用一旁的鬆土埋住洞。

「想當然我不用填滿那個洞吧。」我只是開開玩笑，但提姆的面無表情相當令人不安。所有人再次集合，法蘭克·德札在我的右手邊。

「怎麼樣，法蘭克，都吐光了嗎？」我打趣道，兩人同時坐下，他虛弱一笑。

「一乾二淨。」他說。

隨侍們再次遞給每人一個碗，這次碗裡裝的是透明的橘黃色液體，散發出柑橘的清香。

「喝。」姆津巴大夫喝令。

味道又甜又酸又鹹，很好入口，我猜這大概是某種脫水補充液吧。好大夫深諳用藥。

「找塊隱蔽的地方祈禱和冥想吧。」

我照著他的話去做，三十分鐘後，我們和姆津巴大夫會合，全體坐好之後，又發了一碗，這次是微帶異味的淡褐色液體。

大家端碗就口，雖然沒第一碗可怕，但還是很難喝，幸好不至於難以下嚥到讓人想吐。最後一人喝完之後，我們再次跟著隨侍離開。提姆領我回到我的洞。

「這桶水、肥皀和毛巾留給你。結束後回來集合，祝好運。」

從提姆留下的東西，大概猜得出接下來的發展，只是不知道會有多嚴苛。提姆走後過了十五分鐘，我抱著肚子在地上打滾，就像被人拿刀猛刺一樣。我勉強蹲在洞口旁，撐過下腸道一波波劇烈的蠕動收縮。

確定苦難結束之後，我用鬆土蓋住我狂拉出來的東西，再把自己清洗乾淨。我是第三個回去的人。我在法蘭克身旁坐下。

「怎麼樣，都拉光了嗎？」他問道。

「一乾二淨，我的朋友。」我們想笑卻笑不出來。我強烈懷疑再來個幾次，我的內臟也要埋在洞裡了。

同樣的模式持續著，淡褐色液體、黑綠色液體，間隔可口的補充液和冥想。在吐了五次和拉了五次之後，我的洞滿了。在第五次通腸之後，姆津巴大夫宣布淨化完成，大家很明顯都鬆了口氣。我們先喝了一碗補充液，接著是一碗帶有黃瓜苦味的液體。

大家跟著好大夫穿越醫院，準備進行下一個步驟。他帶著我們圍在一個黑色大鍋旁，吩咐我們脫下花布，淋上鍋裡帶有香茅味的金色液體。

「全身上下包括臉都要沾滿，幫隔壁的人淋背。」姆津巴大夫指示。

結束之後，姆津巴大夫帶領大家沿著小路，走向醫院北方一座小山丘，停留在山頂一處小空地。空地上有個燃燒的小火堆，西邊整齊擺放著一疊木柴，另一側綁著那個著魔的男人，頭朝正東方，姆津巴大夫的兩名助手正在照料他。男人的右手腕拴著一隻默默反芻中的山羊。

姆津巴大夫吩咐助手離開後，一一點名。我們一個個站在安排好的位置，背對著著魔的男人，就定位後，姆津巴大夫會私下指示幾句，然後再點名下一個人。我是最後一個被點名的人，位置最靠近著魔的男人，對齊他的頭，面朝東。所有人形成一個圓。

「在後的，將要在前，多可塔拉。」他在引導我坐下時說。

「在前的，將要在後。」我回答。

「說說你的想法。」

「七個人圍成一個圓，各自站在由七顆白石圍成的小圈，象徵保護與團結。我們今早七點開始淨身，現在就快晚上七點，我們要進入下一個階段。啓示錄裡，七是完全數，是主的數字。」

「你已經準備就緒，站在七顆白石形成的圓圈之中，你必須面朝外，從頭到尾背對著魔的男人。禱告的時間到了。站在這個位置，不能脫離這個圓圈，可以稍微活動一下，保持關節靈活，但不能坐、不能看其他人、不能轉身、不能看火，也不能走出這個圓圈，更不能睡著。明白了嗎？」他強烈要求。

「我明白了。」

「當考驗開始後，記住，不管發生什麼事，絕對不能離開這個圓圈，或是轉頭看其他人。明白嗎？」他重申。

「我可以問是哪種考驗嗎？」我不安地問。

「孩子，你被選上是因爲你這裡的力量。」他指著我的心，溫和地說。「我只能說，相信主吧，把自己交到主的手上。明早見了。」他走開。

夜色宛如毯子覆蓋住我們，我開始禱告。星光璀璨，月亮躲在烏雲後藏起了臉。微弱的火光照映出我前方搖曳的身影，我站在自己的石頭圈裡，不安地扭動，腦中迴響著那幾句話：當考驗開始後……

我唸起在慕道班學到的禱文，敞開心靈之後，字句如行雲流水般吐出。我讚嘆上帝賜福予我，反覆唸誦詩篇第三十六章的第五節到第九節：

主啊，祢的慈愛上及諸天，祢的信實達到穹蒼。祢的公義恰如高山，祢的公道有如深淵。

主啊，祢庇佑人民牲畜。

祢的慈愛，何其寶貴！

世人投靠在祢的翅膀庇蔭之下。

吟誦完畢，我唸起特別的禱文替受苦的男人求情，越唸越專注，胸口也微微熱起來，逐漸進入深沉放鬆的冥想狀態。我的思緒一分為二，一部分的我注意到天上繁星和身後搖曳的火光，另一部分的我神遊向未知的壯麗之地，我等不及要抵達那裡。

我吟誦著詩篇第六十九章裡的第十六節到第十八節，並稍加修改：

主啊，求祢應允我，因為祢慈愛的美好，將祢豐厚的慈悲轉而眷顧這個著魔的男人。

不要掩面不顧這個男人，祢的僕人，他正在急難之中，求祢儘速應允他。

求祢靠近過來救贖他，我以祢的兒子耶穌之名請求祢。

我因為禁食和疲勞出現幻覺了嗎？我睡著了嗎？我作夢了嗎？我辜負了姆津巴大夫、其他六個人，以及被綁在地上的病人了嗎？我的心靈連結怎麼了？我努力想得到一個合理的答案，但我的大腦一團混亂，差點錯過那個細微的聲音。

「你是誰？」

冷風中的聲音細如蚊蚋，我全身凍結，側耳傾聽。

「你是誰？」

這次更大聲了，是陰沉沙啞的低吼。

我努力想回應。

「你是誰?!」

刺耳的問題伴隨著一隻大貓的咆哮，彷彿有隻獅子就在我身後。我想起姆津巴大夫的指示：我不能轉身，也不能逃跑。我不是沒害怕過，卻感到前所未有的恐懼。我全身發抖，不知所措，心跳加速，脈搏狂跳。我在大冷天冒汗。

「你是誰?!」

腦海中響起那道可怕的聲音，這是一個簡單的問題，我卻無法回答。我不知道我是誰。

「我認識那個你喚為耶穌的人。你是誰，居然呼喚他？」

嘶啞的聲音在我腦中怒吼，我害怕到快昏厥過去，絞盡腦汁卻吐不出半句話。理智被疑心蒙蔽，我受困在夢魘之中，醒不過來。我慌了。

「我是誰？」我自問自答：「你什麼也不是，你是有害的，你弱小、卑微、一文不值、自私自利、自我中心。你不配。」

接著……

生平第一次，我打從心底知道了我是誰。「我是被愛的。我得到寬恕和賜福。祂用祂的命赦免了我，對祂來說我是重要的。我是耶穌的。我是祂的，我不害怕。這就是我。」我在腦中吶喊。

我吟誦詩篇第二十七章裡的第一節到第六節：

主是我的亮光和我的救贖，我還需害怕誰？

主是我生命的堡壘，我還需畏懼誰？

當那作惡的，就是我的仇敵，要逼近我，吃我的肉時，就會絆倒在地。

雖有軍兵安營攻擊我，我的心也不害怕，雖然興起刀兵攻擊我，我必仍舊安穩。

有件事，我曾求主，我仍要尋求主，即是一生一世住在主的殿中，瞻仰祂的榮美，在祂的殿裡求問。

因爲我遭遇危難，祂必暗中護我，使我藏身於祂的帳幕，高置於磐石之上。

寒冷與黑夜消散，南十字星芒笑著俯瞰我，火光照映出的身影在我前方舞動，我再一次浸淫在非洲夜晚的溫暖中。喜樂充滿靈魂，我低頭感恩祈禱。

再抬起頭時，夜幕漸退，kwacha 乍現。我迎戰最大的敵人，並擊敗它。我贏了，但也心知肚明，它並未遠離，它會回來的。

「你現在可以到火堆旁來，但要保持沉默。」姆津巴大夫說。

我轉過身，抬頭挺胸和姆津巴大夫並肩而立，看著名叫拜森·坎達威里的著魔男人。他一臉燦笑，繫在右手上的山羊躺在地上不由自主地抽搐。

「保持沉默。」姆津巴大夫讓我們在山羊和火堆前站成一排，向拜森介紹我們。拜森逐一握了每個人的手，大力致謝，然後遞出一條花布。

我是行列裡的最後一位，我看在眼底，心裡有許多問題想問其他人。他們也聽到同樣的聲音了嗎？是否問了同樣的問題？有感受到同樣的寒冷和黑暗嗎？接著輪到我和拜森面對面。

「這位是多可塔拉。」姆津巴大夫說。拜森淚流滿面地對我致謝。我們握手過後，我收到我的花布。

「孩子，你們做得很好，在回去之前，繼續保持沉默。絕對不可以跟任何人提到今晚的事，不管是你們之中任何一個或是我都不行。」姆津巴大夫說。他一定是看穿我的心思，因爲他一說完就走向我。「多可塔拉，你明白我的話嗎？」

我點頭強調。「明白了。」

姆津巴大夫把剩餘的柴火扔進火堆，火焰熊熊燃燒，他以山羊爲祭品，丟進了火裡。

「我們的工作結束了，該回去慶祝一下，跟我來吧。」他說。

拜森率先走入姆津巴大夫醫院的院子，久候的村人一看到他，紛紛高歌歡呼、手舞足蹈。我們走進後，他的家人團團圍住我們再三致謝，所有人開心地哭成一團。

草蓆上擺設豐富的筵席。我拿片芭蕉葉，每樣食物都拿了一點，一個人在宴會外圍找了塊陰涼安靜的地方吃飯。我聆聽音樂、觀賞舞蹈，慢條斯理地用餐，歡愉的慶祝氣氛深深感動了我。我不斷回想昨夜發生的事，沉浸在自己的思緒中，完全沒發現姆津巴大夫就在身旁。

「多可塔拉。」他出聲嚇了我一跳，把我拉回現實。

「姆津巴大夫！對不起，我在想昨晚的事，請見諒。」

「沒關係，我很累了，馬上就要進屋去休息。你想留多久就留多久，慶祝會持續到晚上，你的衣服就放在你住的小屋。如果需要的話，回喬洛前好好休息，一路順風，孩子。」

「謝謝你，保重，父親。」

「最後一件重要的事。多年後，你會覺得非得把這些事說出去，我已經預見；許多人會懷疑你的話，即使他們宣稱有信仰，但就像門徒湯瑪斯，除非親手去碰觸耶穌的傷口，否則是不會相信的。」

我傾聽，他接著說：「對心存懷疑的人，無論你拿出多少證據都是不夠的，就別管他們了。耶穌曾說：『離去，甩掉腳上的塵土。』然而，仍有人會受惠。你經歷的故事會讓某些人重拾信仰，讓其他人堅定信念。倘若你感覺時候到了，就把這裡發生的事說出去吧。」

「謝謝你，父親，我會的。」我回答。

我的確也這麼做了。

24

一、二、三，腕力比賽開始！

「真不好意思，多可塔拉，但你看看我的手臂。」他向在場所有人展現他的臂肌。「你的手臂適合檢查懷孕的母牛，可我不認為可以拿來比力氣。」

「只有一個方法可以知道：來比一場吧！」

「比賽結束！」警察局長約翰．菲力的飛鏢落在三倍區，結束比賽。現在是星期二晚上，我們在小酒吧，而我再一次輸得灰頭土臉。

「我不得不說，你眞得不太會玩射飛鏢。」他對我說。

「我沒話說，誰教這裡既沒有撞球檯也沒有彈珠檯，那麼我擅長的酒吧遊戲只剩下一個了：比腕力。」

「比腕力？那是什麼？」

「你沒聽過比腕力？」

「沒有。」

「我來示範給你看。」

大塊頭跟著我走到小吧檯，我站到吧檯後，約翰在對面。我的手指勾住他伸出的左手指，讓兩人的左手臂平放在吧檯上，接著要約翰舉起右手，五指朝上，我用右手握住他的大手掌，示意他也這麼做。兩人把手肘擱放在吧檯上，伸直右手臂。「我要做的，就是把你的右手臂壓下去碰到我左手臂。」我慢慢地壓下他的手。「你要做的，就是把我的右手臂壓下去碰到你的左手臂。」我把他的手拉過來，示範讓我的右手臂碰到他的左手臂。「簡單吧？」

「你說你很擅長這個？」約翰問。

「是啊，我可厲害了。」

他忍不住爆笑出聲，沒多久，酒吧裡所有人都跟著笑了。「眞不好意思，多可塔拉，但你看看我的手臂。」他向在場所有人展現他的臂肌。「你的手臂適合檢查懷孕的母牛，可我不認爲可以拿來比力氣。」

「只有一個方法可以知道：來比一場吧！」

「你是認眞的？」他難以置信。

「當然，我還可以跟你賭一局，賭金你決定。」

「十夸加，你付得起嗎？」

十夸加等於二十瓶啤酒、五十五瓶汽水或一個沒技術的工人一星期的工資。「我付得起，但我不想讓你的孩子沒東西吃。」

「別替我的孩子擔心，這是我的私房錢，你只可能讓我沒啤酒喝。」

「好，就這麼說定。」我從口袋拿出一張十夸加鈔放在吧檯上。約翰·菲力局長是個強壯的男人，也是個可敬的對手，但也因爲他對比腕力一無所知，才會認爲我一點勝算也沒有。我並不擔心，力量固然重要，但技巧更是關鍵。我善用技巧打敗許多比我強壯的人，相信這次也不例外，另外，我還有一個優勢。傷人的人會忘記，但被傷的人永遠記得——我永遠不會忘記，上次我爲了空出地方，清掉儲藏室那堆文件時，他是怎麼嚇唬我的。復仇的時刻到了。

「賭了。」約翰用一張十夸加鈔蓋住我的鈔票上。

我教導伊萊如何賽前準備和開賽。

在眾人圍觀之下，約翰和我各就各位。

「準備！一、二、三，開始！」伊萊大喊，放開我們的手。

我用不到十秒就輕輕鬆鬆擊敗大約翰，現場一片靜默，看大家臉上寫滿震驚，眞是太值回票價了。

「就說我很行了吧。」我打破現場沉默。

「我不相信，你是怎麼做到的？」

「一隻盲眼豬偶爾也會找到玉米粒。」我聳聳肩。

「再比一場如何？不賭錢，玩玩而已。」

「好啊。」又要上演另一場復仇記。

這次，我用更短的時間壓下他的手。約翰倒退一大步，難以置信地瞪著我，所有人瘋狂地戲弄約翰，他原本都很有風度地接受了，直到羅伯·前波推了他一把，說：「說不定多可塔拉從母牛屁股得到特別的魔力。」眾人哄堂大笑。

「除非你有膽試試看，否則你最好閉嘴，不然我要以騷擾我的名義逮捕你。」

我站在約翰局長這一邊。「前波先生，你敢嗎？」

「我敢，但我只有五夸加。」

「五夸加也行，站到吧檯前來吧，朋友。」

我和羅伯．前波的比賽快到連眨眼的時間都沒有就結束了。另一名警官蓋瑞．魯比站出來。「我有五夸加，下一個是我，多可塔拉。」他在櫃檯上放了五張一夸加鈔，轉身向眾人展示肌肉，他的身材跟約翰局長一樣精實。

蓋瑞果眞不是蓋的，花了我十五秒才結束比賽。接下來又有三人挑戰，連贏三場之後，我的口袋滿滿，支付兩個星期的酒錢還綽綽有餘。

三個晚上過後，我回到酒吧。一整天在外辛苦工作，我想喝杯酒解渴。星期五的酒吧一如往常熱鬧。我一走進去，就聽見有人說：「他來了，我們準備好了。」

「準備好什麼？」我跟伊萊要了瓶啤酒。

「準備好比腕力。」八名男人站上前。我上下打量，每個人的體重身材都和我差不多，但力氣可就不一定了。

「準備好掏錢了嗎？」

所有人點頭附和。我和所有人握過手後，經過短暫的討論，我認爲賭金一律維持在三夸加。一部分的人吵著要加碼，但我堅持維持三夸加。孩子們啃著我吃剩的骨頭的畫面，在我腦海中始終揮之不去。

「誰要先上？」沒人說話。

「用射飛鏢決定吧。」群眾中有人大喊。

「好主意。每人射一支鏢，分數最低的先比，最高的後比。」我說。十五分鐘後，順序決定了。「還有一件事要先說好，由我決定比賽開始時間，如果我有需要，我有權利要求三十分鐘的休息時間。」

沒人有異議。第一輪的三個對手各花不到五秒鐘，我沒消耗多少力氣，但還是先暫停比賽享受一瓶啤酒。這才是我來酒吧的主要原因。第四個對手花了十五秒，第五個不到十秒，第六個大概介於中間。我第二次暫停比賽。

第七個對手花了十秒鐘搞定，而我的手也痠了。我又喊了一次暫停，這次不是啤酒，而是點了一罐可樂補充咖啡因和糖分。三十分鐘後，我面對第八個人，他不知哪來的自信，傲慢地衝著我笑，放了十五夸加在吧檯。「我要提高賭金。」

「遊戲規則一開始就訂好了，只能三夸加。」

「多可塔拉，你怕了嗎？」他奚落道。

「我只怕你的老婆孩子會因爲你這個笨蛋餓肚子。三夸加，就這樣，比吧。」我毅然決然地說。

「準備好了嗎？」伊萊說，我們同時點頭。「一、二、三，開始。」伊萊放開我們的手，不到五秒，我壓下他的手。

我用一半的獎金請全酒吧的人喝酒，喝完自己的啤酒後，我宣布今晚到此爲止。每星期都會冒出新挑戰者，我衡量對手的能力，評估自己一個晚上可以對戰五到八場，如果挑戰者太踴躍，我會把部分的人安排到下禮拜。

我的獎金輕輕鬆鬆就付掉酒錢，還有多餘的錢可以在瓊巴牛場藥浴池蓋一間新

chimbudzi（茅廁），在橙縣的牛場藥浴池蓋一間新雞舍。比腕力的獎金修好了沙迪藥

浴池的獸醫助理家的屋頂，也資助了酒吧女郎的抗生素，如果有人付不起寵物或牲畜的治療費，差額的部分就由獎金來補。

原本只是好玩，現在來眞的了。我闖出名號，一堆人等著打敗我，但我不會那麼簡單就拱手讓出寶座。我精進技巧，升級關鍵的起手式，增強力量。我保持不敗紀錄，在不勉強的情況下，一晚最多可以比五到十場。

就這樣過了三個多月。

馬哈拉威帕扔出一支飛鏢，正中雙倍一一分。「射得好。」我再次落敗。

「謝啦，瑞博。對了，你知道我們飛鏢隊這星期五要這在裡迎戰林貝隊嗎？」

「不知道。你們不是都在星期四晚上比嗎？這星期可以不比腕力，場地留給你們。」

「不是的，他們想帶腕力選手同行，要求把比賽改到星期五。可以在飛鏢比賽之間穿插比腕力，一定會是很精彩的夜晚，到時場外賭的可是一大筆錢。看樣子，每個人都

想在上面記下他的分數。」他指著伊萊掛在吧檯上的小分數板。左邊最上方寫著「多可塔拉」，右邊寫著「笨蛋們」，我的名字下方是九十六，代表我的九十六場勝利，笨蛋們的下方則是一個大大的零。

「叫他們放馬過來。」

我拿起一瓶酒，拉來一張椅子坐在傑夫和約翰．菲力旁邊。

「所以你要跟林貝男孩比賽囉？」約翰問道。

「我想是吧。」我回答。

「你大可以不用接受挑戰，見好就收，維持不敗紀錄。沒什麼好丟臉的。」約翰說。

「話是如此，但那有什麼好玩的？我的紀錄早晚會有結束的一天，這是一定的。」

「小心，瑞博。那些男人會是至今最強勁的對手。傳聞沸沸揚揚，有人在他們身上賭了一大筆錢。」傑夫說。

隔天，我前去拜訪艾納巴達威醫師。找到他時，他正在剛整好地的小花園裡，對著三個專注聆聽的男人下指示。我靠了過去，大聲問候：「你好嗎？」

「哎呀，這不是我的好兄弟嗎？連贏九十六場的喬洛腕力冠軍。心情如何？」

「好極了。怎麼了？」

「你準備好了嗎？星期五晚上的大賽？」

「好得不能再好。反正這兩天也不能做什麼。」

「還可以吃一頓大餐啊，讓你有水牛的力氣、豹的靈巧和獅子的勇氣。在我們談話的時候，我太太已經在準備了。來吧，吃飯了。」

我跟著他進入屋子。瑪莉煮菜的香味令人垂涎三尺、飢腸轆轆。誘人的可口香味讓我相信這是魔法。

「瑪莉，我們回來了。」丹大喊。

我們在桌前坐下，丹向鍋子伸出手，被瑪莉一手打掉。「要先禱告。」她簡短地說。

他立刻低下頭，十指交握，他們的女兒和我跟著低頭。

「親愛的主，感謝祢賜予我們豐盛的食物，感謝祢使我們得以有珍重的家人和朋友，感謝您的賜福。請求主賜福予這頓食物，給予我們力量遵行祢的旨意。懇求祢額外給予瑞博力量，幫助他贏得星期五晚上的比賽。阿門。」

「阿門，我們吃吧。」丹說。

「瑞博，心情如何？」瑪莉問。

「我感覺很好，但開始有點擔心了。大家一直問我的心情，你們是不是瞞著我什麼？」

瑪莉和丹互換眼神。

「什麼事？」我問。

「我做了個夢。」費絲小聲地說。

「是什麼？」

「我看見你比了好多好多次腕力。有一個男人，他沒有比，但壓了很多錢賭你會輸。他穿著很好的衣服，深藍色西裝、亮黃色領帶，黑色的鞋子非常閃亮。他叫你笨蛋，說你不會贏。他人好壞。」她滿臉憂慮。

「還有其他的嗎？」我輕聲問。

「沒有，我醒來之後就跟爸媽說了。你會沒事吧，叔叔？」

「我很好，甜心，妳別擔心。」我傾身輕拍她的臉頰。

餐點非常美味，我吃得比平常還多。吃完飯，我和丹在戶外散步。「你今天怎麼來了？」他問。

「關於星期五來自城外的挑戰者，說不定你這裡有些什麼消息，有備無患嘛。聽懂了嗎？有備，有臂，比腕力，有臂……？」

「我懂了。」他翻了個白眼。「我也想給你更多消息，但沒辦法，我什麼也沒看到。是費絲說你今天會過來，看見的人是她。」

「哇啊！有其父必有其女，眞驚人！」

「是啊，瑪莉和我都大吃一驚。讓費絲回床上睡覺後，我們夫妻倆躺在床上興奮得睡不著覺。你不介意我去看比賽吧？」

「介意？那是我的榮幸。」

「好極了，星期五晚上見囉。」

25 打著黃領帶的男人

「你繫的那條領帶真有趣，我從沒見過。」

「謝謝，是純絲質。」

「亮黃色搭配深藍色西裝格外顯眼。」我瞥了眼他閃閃發光的黑漆皮鞋。跟費絲的描述如出一轍。

接下來兩天飛逝而過，星期五到了，空氣中瀰漫著緊張刺激的氣氛。我收拾背包準備下班時，所有員工聚集到我這裡。看樣子是有備而來。

「什麼事？」我問。

這時，吉兒端著小蛋糕走進來，放在桌上。「這是我們所有人的心意，祝好運。」我深受感動。「哇啊，謝謝大家。每個人都要吃一塊幸運蛋糕才能走！」我拿刀切了九小塊，恭恭敬敬遞給他們。

吃完蛋糕，大家紛紛祝福我，並承諾會到現場爲我加油。傑夫是最後一人。「心情如何？」他問。

「傑夫，我好得不能再好，不想再聽到這個問題了。」

「抱歉，只是……」他欲言又止。

「只是什麼？」

「我很擔心你，我不相信那些林貝男孩，你要小心。」

「你眞是好朋友，傑夫。約翰局長在今晚的飛鏢名單裡嗎？」

「是啊，他是第三個。」

「幫我一個忙，請他安排兩、三名警察在酒吧附近巡邏，以防萬一。」

「你覺得會有麻煩？」

「有人先警告過我了。」

「你是對的，我現在就去跟約翰說。」

我的晚餐是一份健康的玉米糕，爲了幫助消化，我混入糖和奶粉一起吃，也要把戰力逼到極點。吃完飯，我平躺在床上冥想，祈求上帝讓我發揮實力，倘若我盡了力卻還是敗北，阿門，那就這樣吧！

一小時後，我漫步前往酒吧。酒吧外圍了七、八圈人群，在我接近之後紛紛舉起手和我擊掌，我好整以暇地一一接受每個人的祝福。

我走進酒吧，環顧四周。伊萊和六名酒吧女郎在我右邊的吧檯後方，緊鄰在我左邊的是喬洛飛鏢隊的座位，艾納巴達威也在。我驚訝地發現，伊華班尼也來了。同樣在左邊，林貝的人在更遠的另一頭。我從容地逐一向伊萊和六名酒吧女郎寒暄，再走向喬洛隊，和隊員致意之後，我伸出手歡迎丹和大衛。

「大衛．伊華班尼。」我握住他的手。「真是驚喜，沒想到你會來。」

「我也是。丹來醫院時，我差點沒嚇昏。他說你需要精神支持，愈多愈好，只有他是不夠的。」他說。

「無論如何，很高興見到你，真高興你來了。」

我接著前去歡迎林貝隊。有些男人身材壯碩到可以同時射穿飛鏢靶和牆面，誰是來比飛鏢誰是比腕力，一目了然。其中一人吸引我的注意。

「晚安，我是瑞博。」

「很高興認識你，我是葛蘭．馬菲斯。」他說，我們握手致意。

「你繫的那條領帶真有趣，我從沒見過。」

「謝謝，是純絲質。」

「亮黃色搭配深藍色西裝格外顯眼。」我瞥了眼他閃閃發光的黑漆皮鞋。跟費絲的描述如出一轍。

和最後一人打完招呼，我請有意參加腕力比賽的人出列。八個魁梧的男人站向前。

「我先說明比賽方式。我會站在吧檯靠伊萊那邊的位置。只跟四個人比，每場比賽間隔三十分鐘。出賽的四人用飛鏢分數決定，一人一支飛鏢，分數最低的先上場，接著是次低分，以此類推。不能換人也不能換順序，賭金是每場一百夸加。同意嗎？」我解釋道。

所有人轉頭看向馬菲斯先生。他點點頭後，八個人回過頭，不約而同回答：「同意。」

擲出飛鏢後，順序底定。第一個男人走往吧檯，我則走向丹和大衛。「我需要兩位幫我計算一下比賽時間，我要知道每場持續多久。」

「沒問題。」兩人異口同聲。

我就定位後，放了五張二十夸加鈔在吧檯。馬菲斯先生過來了，用五張新鈔蓋住我的。伊萊用空酒瓶壓住錢後，說：「各就各位。」

現場鴉雀無聲，我和第一個對手左手互勾，手臂平放吧檯，他比我壯碩，兩人做好準備，我放低姿勢，伊萊握住雙方的手。

「準備好了嗎？」伊萊說，我們同時點頭。

「一、二、三，開始！」他大喊，鬆開我們的手。

現場歡聲雷動，猶如在觀眾爆滿的球場上，球隊射門得分。對手強而有力，如果不是搶得先機，我現在已經陷入苦戰。開頭的優勢使我贏得勝利，就跟之前其他人一樣，我的對手目瞪口呆地倒退。

「比得好。」我伸出手，他敷衍地回握。我拿起錢塞進口袋，回到喬洛隊的位置。馬哈拉威帕、丹和大衛正在跟馬菲斯收錢。我問傑夫：「場外賭注？」

「對。」他回答。

「賠率多少？」

「賭你贏是一賠二。」

「你也有下注嗎？」

「當然，我賭二十，我還想壓多一點，但馬菲斯先生最多就這樣了。心情如何？」

「很好，那些傢伙很強，但我感覺很好。叫喬洛的人之後都用一賠一，如果馬菲斯先生不同意，直接走人，讓他來找你們。他來這裡玩，就該付錢。」

「了解，我把話傳出去。」

「很好，我去一趟辦公室，三十分鐘後回來。」

我示意大衛和丹跟我一起走。來到酒吧外，我說：「去我辦公室喝點涼的，這裡人多口雜，沒辦法放鬆說話。我請你們喝酒？」五分鐘後，我們走上辦公室階梯。

「這裡還好嗎，喬？」

「很安靜，我聽到酒吧那邊的吶喊聲，比賽如何了？」

「對手難纏，但我表現不錯。水準備好了嗎？」

「準備好了，我現在就去拿進來。」

「謝啦，喬。」

我打開辦公室冰箱拿出兩瓶酒，打開後分別遞給兩位醫師。「坐吧，先生們。」

喬把水倒入我桌上的盆子。我用手測試水溫後，脫掉衣服，把右手臂泡進去。

「怎麼回事？」丹醫師問。

「我要用熱水保持手臂溫暖，加強血液循環。」

「多可塔拉，要熱毛巾嗎？」喬問。

「拿進來吧。」我回答。

不久後，他帶著幾條熱騰騰的毛巾回來，鋪在我的右肩上。

「這一場花了多久？」

「我算是十五秒。」大衛說。

「我也一樣，整整十五秒，很快耶！」丹說。

「還不夠快，他很強。」我回答。

「我覺得十五秒很快了！」大衛驚呼。

「超過十秒就是負擔，多出來的五秒看起來不多，但久了就是關鍵。那些男孩有的是肌肉，幸好第一個傢伙不懂技巧。如果剩下的人都像他，我就有機會拿下全勝。」我解釋。

「那就好，不過，我有種奇怪的感覺。」大衛說。

「你？」丹和我異口同聲說。

「喂，就算我是個科學人，偶爾也是會有預感的吧。」他說。

「是什麼感覺，哥？」

「無法形容，很不安，總覺得事情不太對勁。」

「我也是，哥。」丹說。

「我也一樣。」我附和。「我原先以爲是緊張，看來不是。你覺得坐在馬菲斯旁邊那隻大猩猩怎樣？」我問。

「我還以為他一定會站出來挑戰你。一眼就看出他是現場最強壯的人。」大衛說。

「但是當你要挑戰者出列時，他文風不動，只是靜靜坐在馬菲斯身邊。會不會是保鏢？搞不好馬菲斯帶了一大筆錢，需要大猩猩隨身保護。」丹推測。

我們一直聊到比賽時間快開始。我從熱水中拿出泡到發紅的手臂，取下肩膀上的毛巾，擦拭完畢後，我穿上衣服，離去前對喬說：「Chimodzi modzi（準備同樣的）。」

「Chabwino（好），多可塔拉，祝好運。」

聚集在酒吧外的人群未散，紛紛讓出一條路給我們三人通過。走進酒吧時，飛鏢比賽正在進行中。

「你們準備好開始了嗎？」我問。

飛鏢比賽結束，所有人圍了過去，清算完賭金後，我把一百夸加放上吧檯，馬菲斯覆蓋我的錢，伊萊用空酒瓶壓住鈔票。

第二個對手是四人當中看起來最為壯碩的，身材比我更為精實。這一場將是今晚的成敗關鍵。我們勾住雙手。

「一、二、三，開始。」

歡聲再次雷動，我搶得先機，把對手的手往下壓了三分之一，他的手腕往後，他使勁抵抗，我動用右肩力量，緩緩把他的手臂往下壓，碰的一聲，最終完全壓制在桌上。

我收好獎金，和丹、大衛一起走回辦公室，隨即跑去熱水盆浸泡手臂。「時間多久？」我問。

「二十六秒。」大衛說。

「我算是二十八秒。」丹說。

「該死，拖太久了。眞希望那傢伙是第一個，我就知道他會很棘手。」

「還有兩個，沒問題吧？」大衛問。

「下一個沒問題，第四個得先等我解決掉第三個才能知道。你們哪個人可以給我一罐可樂嗎？」

丹遞了一罐過來。我問：「你賺了多少錢？」

「賠率是一比一，但上限提高到五十夸加。我們每個都淨賺了五十。」大衛說。

「好極了，繼續一比一的賠率，不然就別賭，讓馬菲斯來找你們。如果費絲的夢是眞的，他很快就會拿出一大筆錢。」

「什麼意思？費絲夢見什麼？」大衛問。

丹詳述費絲的夢境後，大衛長長地吹了聲口哨。我們回到酒吧，我擺好姿勢迎戰第三名和我勢均力敵的對手，一就定位，他的表情洩露出恐懼。

「一、二、三，開始！」伊萊喊道，鬆開我們的手。

碰！我壓下他的手臂，比賽結束，我和醫師們重返辦公室。

「這一個花了多久？」我問道，把手放入熱水盆裡。

「五秒。」丹回答。

「眞不敢相信，我算是四秒。」大衛說。

「這個輕鬆多了，解決三人，剩最後一個。照理說，馬菲斯會在最後孤注一擲。我感覺很順利，但總覺得他一定另有盤算，留了一手。」我說。

我們回到酒吧進行今晚最後一場比賽。傑夫證實了我的疑慮：馬菲斯仍然限制賭金上限。我就定位，掃視吧檯。伊萊更新了戰績，我的名字下方現在是一個大大的九十九。再贏一場就滿百了。

我放下一百奈加，馬菲斯蓋住我的錢，我又拿出另一張一百：「要加碼一百嗎？」

他沉默片刻，最後說：「我跟。」

分別又拿出一百後，我看到了，他面無表情，但狡猾的眼神洩露了一切。這些場外賭注只是爲了吸引玩家，最大的騙局還在後頭。

「手臂互勾，準備開賽。」伊萊說。

壓軸賽持續不到六秒，響亮的碰的一聲，對手的手臂倒向吧檯，我保住了不敗紀錄。屋裡屋外歡聲雷動，全場到處都在互相擊掌、握手、擁抱，這是有史以來最棒的腕力賽夜晚。林貝男孩已經盡力了。我看著伊萊把我名字底下的分數改成大大的一百。

伊萊遞給我一瓶冰啤酒，我瞄了眼群眾之中的馬菲斯先生，他盯著我的眼神就像一隻禿鷹盯著獅子口中的食物。我喝光啤酒，跟站在我左右兩邊的大衛和丹說：「回辦公室去吧，我得冰敷我的手臂。」

我們三人轉身離開，才剛走到門口，就被人叫住腳步。「多可塔拉，等等，請等一下，多可塔拉。」是那隻禿鷹。

他走向我時，全場鴉雀無聲。「什麼事，馬菲斯先生？」

「再比一場如何？」他問。

「你說什麼？」

「再比一場，你對上我的朋友杜克。」他指著整晚坐在他身旁的那隻大猩猩。

「馬菲斯先生，我說過只比四場，你的人應該早點出列。我比完四場，今晚結束，改天再帶人來比試吧。回林貝一路順風。」語畢，我轉身離開。

「你是懦夫？怕了嗎？聽說你一晚通常比七到八場呢。」他轉向圍觀的人群。「誰想看多可塔拉今晚再比一場？」有人附和，但爲數不多。

「走吧。」丹說。

「說得對，他們有過機會。現在，得去冰敷一下你手臂，瑞博。」大衛說。

「馬菲斯先生。」我傻傻地上勾。「只有懦夫才會故意把最強的男人留到比賽結束，等我精疲力竭之後才跳出來說要再比一場，你才是懦夫，我要走了。」

「我提高賠率。」他大喊。

俗話說「好奇心殺死貓」，我猶豫了。「多少？」

「一賠三，如果你贏了，在你身上押注的每一夸加，我都賠三夸加。」

「一賠十，不要拉倒。」我說。

「一賠十！開什麼玩笑？」

「一點也沒錯，一賠十，不然我走了。」

後大叫。

「一賠四，我就多就一賠四。」

「開車小心。」我轉身離開。

我們走到酒吧階梯，只聽見：「一賠五，我提高到一賠五。」馬菲斯先生在我們背後大叫。

我們繼續走，我說：「你們覺得如何？要不要再推他一把？」

「今晚結束。他一開始就打算等你累了，再讓大猩猩上場收拾你。你已經擊敗他，你的朋友贏了錢，到此爲此，收下他的錢，走人。」大衛氣憤地說。

「大衛說得對。就算要比，你還有力氣撂倒那頭大猩猩嗎？」丹說。

「我不知道。我的手臂感覺還行，最後兩場比得很輕鬆，那些人一點技巧也沒有。如果杜克也一樣，那我就有贏面了，但要是他有兩把刷子，那我就慘了。我只知道，現在是喝酒時間！」

走到一半，馬哈拉威帕追上我們。「等等，瑞博，等一下，他同意了，一賠十。」

要命！我重返酒吧。「馬菲斯先牛，要我跟杜克比腕力，除了一賠十的賠率之外，我要求由伊萊記錄賭金，然後交由約翰．菲力局長保管和分發。現在就下好離手，賭盤關閉後，我要休息三十分鐘。不同意就拉倒。」我說。

所有人屏息以待馬菲斯先生的回應，他的回答是伸出手，我們兩人握手之後，他從大衣口袋拿出厚厚一疊鈔票，放在小櫃檯上顯得搖搖晃晃。

「誰要當第一個下注的人？」馬菲斯先生大喊。

全場鴉雀無聲，所有人的視線集中在那疊鈔票上，那是絕大多數人終其一生也賺不到的錢。

「各位，拜託一下，對你們的冠軍有點信心吧？誰先來？」馬菲斯先生拿起一疊鈔票在空中甩。大家竊竊私語，但沒人站出來。「誰會是第一個支持冠軍的人啊？一賠十喔，就算賭一點點也好啊。」

「我們來。」小小的聲音回應。我看到六名酒吧女郎站出來，由露絲帶頭走向馬菲斯先生。她們望向我，我搖搖頭，我怎麼忍心看她們輸掉那點微薄的收入。

「我們要押兩百夸加在我們的冠軍身上。」露絲把一疊皺巴巴的鈔票往吧檯一扔。伊萊算完錢，馬菲斯先生慎重地數出一百張全新的二十夸加鈔。伊萊收好錢，用一張紙全數包起後交給大約翰。

「一百夸加押瑞博贏。」傑夫·卑瓦站向前。

這兩個賭注打破僵局，大家接二連三站出來。

「我押二十夸加在多可塔拉身上。」「我押十夸加在多可塔拉身上。」「我要出五夸加。」無論賭注大小，馬菲斯全盤接受。每個人放下錢後就跑來祝我好運。素未謀面的人也把希望放在我身上，除了酒吧女郎，看到自己全部的員工也分別下了小小的賭注讓我感動不已。就連林貝飛鏢隊員和腕力選手也選擇我，這讓馬菲斯感到氣惱。

馬菲斯吆喝還有沒有人要下注，沒人動作。

「最後的機會囉，一、二……」

「我來下最後一注，你還剩多少錢？」我問。

馬菲斯掏出鈔票數了數，轉向我說：「兩千三。」

我把兩百三十夸加交給約翰。「賭了。」

馬菲斯把最後一疊鈔票交給約翰後說：「你是個笨蛋，多可塔拉，應該見好就收。我還以爲你很行，這下我要帶走你和你每個朋友的錢。今晚一定會很棒。」他笑得邪惡。

我不爲所動，心平氣和地說：「你還是不懂對吧？輸贏不在實力，在決心。①」

我離去前，把酒吧女郎拉到一旁，請她們把伊萊收在吧檯中間下方的飲料箱和啤酒箱統統移走，那裡有根支撐吧檯的柱子，就在我比賽站立的地方，我要那個區域淨空。

我跟醫師們回到辦公室，喬只花了幾分鐘就準備好另一盆熱水。眞是太好了，我的手臂都抽筋了。我把手泡進去，丹用熱毛巾敷住我的肩膀，替我按摩手臂。

「給你喝。」大衛遞給我一罐可樂。「喝兩罐吧，糖分對你有好處。」

「費絲的夢境成眞了，看來她有預言的天分啊，兄弟。」我說。

「那還用說，但如果費絲是預見你獲勝，那就更好了。你現在心情如何？」丹說。

「很緊張，但是好的那種，可以讓人發揮出最好的實力。」

---

①此句出自馬克吐溫，原文為：It's not the size of the dog in the fight that counts. It's the size of the fight in the dog.

兩人同時默默點頭。「出發時間到了就告訴我一聲。」說著，我閉上眼睛放鬆，眼前浮現即將來臨的比賽。我彷彿聽見伊萊抑揚頓挫地喊著「一、二、三，開……」，「始」才剛冒出他的喉嚨，我的手臂爆發力量，先發制人搶得優勢。我看見自己壓制大塊頭的手臂，他死命抵抗，但不敵槓桿作用，耗光了體力後被我壓下手臂。我在腦海中反覆演練，同時祈求上帝讓我發揮實力。

「該走了，瑞博。」丹說。

我腦中閃過最後一個念頭。我想起露絲和其他酒吧女郎。最沒有本錢可以輸的人，卻是第一個站出來的人。我想起我的員工，每一夸加對他們而言都極其珍貴，但他們還是投下去了。我想起那些素不相識的人，他們站出來，對我有信心。我不能讓大家失望。我睜開眼睛。

「我準備好了。」

我們回到酒吧，一進去，我立刻在吧檯後站妥。「來吧。」我說。

杜克站向前，在我的對面就定位，臉上掛著惹人厭的笑容。

「你很快就會笑不出來。」我低語。我們抓住彼此的左手放在吧檯上，我舉起右手讓他抓；如果你不清楚比賽方式，我可以告訴你，這是比腕力的起手式。杜克握住我的手，我的手往上抵住他的掌心，前臂用力，手腕微微內彎。有經驗的腕力選手不會容許這種小動作，一旦察覺就會立刻放手後退，堅持重來。但杜克沒有反對，讓我心中燃起一絲希望。我們的手肘擱在吧檯上，一切就緒，我用右腳勾住吧檯的支柱。這是我的第二個優勢。不公平？對方讓我比了四場，才派出最強的人來搶光大家的錢，算是扯平了。

伊萊握住我們的手，比賽就要開始。「準備好了嗎？」他大喊。我們同時點頭，我緊盯交握的手，全場鴉雀無聲。「一、二、三，開——」

我左側的每條肌肉繃緊，蓄勢待發。在一開始握手的瞬間，我的優勢幫助我取得先機，首戰告捷。杜克的手腕後彎，他的手逼近我，遠離他的身體。一察覺到他的手鬆動了，我趁勝追擊推高我緊抓的手，他失去重要的立基，我的手緊緊下彎壓制住他，他再也不可能反敗為勝。我們的手臂偏離我的中心，左傾了五公分，我取得了槓桿的力量，站穩優勢，剩下的就是耐力了。

我緊盯著彼此顫抖的手，腦中迴盪一陣低吼。我的右手使出了吃奶的力氣，但仍撼動不了膠著的雙手。兩人氣力盡出，但緊握的雙手除了微微顫抖之外，動也沒動。

我往吧檯內移動右臂，挺起肩膀，重新繃緊右側每條肌肉。小腿肌、大腿肌、腹肌和肋骨間的所有肌纖維都集中靠攏，要給手臂肌肉最大的前線支援。用盡全力得到的效果看起來不大，圍觀的人可能沒發現，但他的手臂又動了一公分，我又多取得一公分的槓桿之力了。

時間分秒緩慢流逝，彼此的手臂絲毫不動，誰也不肯退讓。我的視線停留在緊握的雙手上，什麼也聽不見，什麼也感受不到，身體其他系統暫停運作，把每一分精力轉送到比賽上。

戰況膠著，我運用得到的每一分槓桿之力，肩膀勉力往前推動。我有六公分的優勢，沒有理由會輸掉這場比賽，只要撐過去就行了。我持續壓制，開始感覺到身體的反抗。我有贏的意志，但身體……

我的力氣就快耗盡，就是現在，我再次繃緊全身對抗他。太好了！他的手臂微微動搖了，我再接再厲使勁推進了一點，使出最後的力量一鼓作氣向前，碰的一聲，他的手倒下了。

我們鬆開手，我往後倒在地上，動彈不得。一度停工的耳朵聽到群眾的歡呼，大約翰像撿起破布娃娃般撐著我站起身，和伊萊兩人分別高舉我的左右手宣示勝利。群眾雀躍吶喊、尖叫歡呼，只有兩個人高興不起來：馬菲斯先生和杜克。

約翰・菲力示意所有人安靜，花了好幾分鐘才讓大家聽到他說話。「我叫到的人就向前。」

馬菲斯打斷他的話，尖喊：「他作弊！多可塔拉作弊！我拒絕付錢，賭盤取消，把我的錢還給我！」

現場一片死寂，視線全落在我身上，我無所畏懼地迎戰。「這是很嚴重的指控，但出於運動員的好風範，我就聽你說完。你憑哪點說我作弊？你最好想清楚再說，如果是個爛藉口，我發誓，我會把你拖出酒吧，狠狠揍你一頓。」

全部視線轉往馬菲斯先生。

「你、你……呃…你……」他結結巴巴，左顧右盼尋求支援。一個人也沒有，就連林貝男孩也怒目以對，他拿出大衣口袋裡的手帕擦掉臉上的汗。「你……」

「馬菲斯先生。」露絲站向前。「離開我的酒吧，滾！」她指著大門大喊。

馬菲斯瞪了一眼，一言不發地離開，大猩猩杜克緊跟在後。兩人一踏出門，全場歡聲雷動，差點掀翻小酒吧的屋頂。

當現場氣氛平和了一點後，約翰．菲力說：「就像我剛說的，叫到名字的人向前來領你的獎金。」大夥兒樂瘋了。約翰示意大家冷靜，開始逐一點名。

我把伊萊拉到一旁，請他提供酒或無酒精飲料給大家選。「就說是我請客。」我說。

大家一個個向前領取獎金和冷飲，經過我時，左手撫著右手前臂向前伸。這是象徵尊敬的手勢，我有意回敬，但右手動也不動，再也舉不起來，因此，我用左手回握，微微頷首，以表回應。

馬哈拉威帕、傑夫、伊萊和丹醫師、大衛醫師拿到獎金，紛紛給我一個大擁抱。當約翰宣布完自己的名字，他的擁抱差點折斷我的肋骨。

女孩們的感激最令人動容。吉兒哭個不停，她押注十五夸加，贏回一百五十，超過她兩個月的薪水。她有意致謝，但泣不成聲，我只能用左手摟住她，給她一個擁抱。她哭著走開。

酒吧女郎跪著爬向我，低著頭，右手向前，我跟著跪下。「拜託，好姊妹們，起來吧。」她們不約而同抬頭，雙眼紅腫，滿臉淚水，反覆地道謝：「Zikomo、zikomo，謝謝你，zikomo。」

「好了，小姐們，請起來。」我說。

她們就這樣跪著哭泣道謝。「Zikomo，zikomo。」

「拜託一下，誰來幫個忙？」丹、大衛、傑夫和伊萊走過來扶起女孩們。我分別擁抱了她們，她們又是哭泣又是顫抖，我真怕她們會休克。

「最後也是最重要的，這個男人維持一百零一次不敗紀錄，喬洛縣腕力冠軍，我們的多可塔拉。」

這是永銘於心的光榮一刻，但今晚的勝利屬於所有人，屬於所有拿出寶貴身家財產來下注支持我的人。

我的手痛死了。大衛率先跑回辦公室準備冰桶，丹和傑夫則一路護送我回去。我馬不停蹄衝過熱情的員工，把手浸泡在冷水中，丹同時用冰毛巾敷住我的肩膀，沒多久，我的手漸漸痲木，總算不痛了。

我的員工紛紛向前道謝，又是握手又是拍背，臉笑到都快裂了。大家祝我晚安和有個美好的週末後離去，留下喬和兩位醫師。

「多可塔拉，需要更多冰塊嗎？」喬問。

「謝了，我很好，喬。但我想要喝罐啤酒，冰箱裡還有嗎？」

他遞給我一罐時，我問：「你有下注嗎？」

「我給卑瓦先生十夸加。」他伸手探入口袋，抽出一張骯髒的十夸加鈔，和五張嶄新的二十夸加鈔。

「恭喜你，喬。你要怎麼用這筆錢？」

「我要拿來買食物。」

「食物？」

「是啊，我哥和嫂子前一陣子去世了，我和內人把他們六個小孩接過來照顧。」

「抱歉，喬，我都不知道。你現在要照料幾個孩子？」我問。

「十六個，我自己有六個孩子，哥哥的六個，還有妹妹的四個，再兩個月就會變成十七個，我太太就快生了。這筆錢對我家來說幫助很大。」

我靠坐在椅子上思忖喬的處境，以及在我身上下注的每一個人。馬菲斯輸了一大筆錢，他會不會有事原本跟我一點關係也沒有，我也不在乎，但事後回想起輸錢的後果，讓我不寒而慄。

「瑞博，你還好嗎？」大衛問。

「我很好，只是有點冷。」我說。

「該把手從冰水裡拿出來了。」大衛說。

「好主意。該死，這酒眞好喝。我這可憐人可以再來一罐嗎？」我猛喝手中的酒。

「我去拿。」丹說。

結果，最後一場比賽讓我的手臂永遠報銷了。我劇痛了好幾個星期，就連伸手去抓摩托車把手這種小動作也讓我掙扎好久。身爲一個右撇子，每天都做慣了的事現在變得困難，而且痛得要死。

劇烈的疼痛終於漸漸變成緩和的不適。手臂過度使用和一到冷天就會痛，我從此沒再比過腕力。

每當我納悶身體爲勝利而付出的代價到底值不值得時，我就會回想起我的支持者們拿獎金來做的事。

吉兒買了新鞋和兩件新衣服，我還記得她說：「我以前都沒穿過新鞋。」

湯姆說他把錢拿來付學費，替兩個有幸進入喬洛中學的大孩子買文具。當時他差點沒錢送其中一個去上學，他一度很苦惱讓誰去上學、讓誰難過，最後他贏得的獎金讓兩個都能上學了。

約翰．菲力局長拿一部分的錢替他的花園買了雜種種子和肥料。他和家人多買了些肉加菜慶祝，還買了布給太太做新衣服。

我的得力助手傑夫．卑瓦自豪能把七個孩子全送去上學，每一分夸加都用來支付學費，只要孩子們有能力，就有機會接受教育。

我最後想到驚喜顫抖、淚流滿面的酒吧女郎，親眼看到她們緊握著獎金，緊握著一輩子從沒碰過的大筆鈔票。

值得嗎？那還用說！

26 要震懾任何事，請找艾納巴達威醫師

四個月來建造藥浴池的進度只有一丁點。

照這個速度，要等到六十歲才能看到計畫完成。

一個小小的聲音提醒我艾納巴達威曾經提供的服務。

建造牛場藥浴池和提供恩古拉一帶的獸醫人員住所，是一項「簡單且不複雜的自助計畫」，差點讓我成爲喬洛縣的永久獸醫官。恩古拉的牛隻密集度高，但最近的醫療人員和藥浴池遠在二十公里外，尋求獸醫治療的人根本到不了，於是獲准建造藥浴池。

建造藥浴池和安排駐地動物技術員是必要的計畫，也在獸醫局的代辦清單上躺了超過十五年。年復一年，一事無成，經費永遠不夠。

我的好點子就是自己籌募資金，募集到的錢用來支付水泥、門窗、鐵圍欄和屋頂材料。當地人會提供磚塊和無技術的勞力，順利的話，四個月就能完工。

我召集村長解釋我的計畫，大家無條件贊成通過，之後更得到村民的踴躍支持。我提出資金募集申請，通過之後，不到一個月就募得足夠的資金。事後回想起來，這是整個計畫中最順利又效率極佳的部分。

在正式接受資金之前，我最後一次回去向民眾詳細說明整個計畫，以及他們負責的部分，也再一次收到積極的回應，不得不說我自己也很熱衷。我相信在當地留下長久的貢獻是每個和平工作團志工的夢想。一座藥浴池和一名動物技術員會替這個地區服務很多年，改善住民的生活。

出於善意，我告訴村民，他們必須先提供五千塊磚頭，在官方發錢下來前，先挖好建造藥浴池的洞。所有工作要在四個星期內完成，否則計畫就會被取消。兩個星期後，我收到八千塊磚頭和一個大洞。我們有個非常好的開始。

我收到錢和最初的建築材料，不到一個星期，訓練有素的營建人員也抵達了。一個星期後，藥浴池、動物技術員的家、兩名助理的小窩都打好了地基；兩個星期後，八千塊磚頭砌好了，看得到五座建築的部分雛形：三棟屋子、藥浴池和倉庫。這個第三世界的開發也沒傳言中那麼困難啊，不然就是我太厲害了，我心想。按照這個速度，只要再四到六個星期就可以完工，超前我預定的時間。

我再一次召集恩古拉村民，讚美並感謝他們的辛勞，同時提起我們還需要一批磚頭才能蓋下去，他們承諾下一批磚頭一個星期內便會送到。

四個星期過去，磚頭無消無息，第三世界快馬加鞭的發展速度眼看就要半途而廢了。再開一次會，送來了一小批磚頭。隨著時間流逝，磚頭送來的速度愈來愈慢，最後終於停止了。開會也沒有用，一星期過去、一個月過去，等回過神來，才發現四個月來的進度只有一丁點。

照這個速度，要等到六十歲才能看到計畫完成。考量到我任期結束但計畫可能還沒完成，我寫了封信給馬拉威和平工作團團長，向他解釋這個狀況。他的回應簡單明瞭、激勵人心，內容大概是這樣：「你就一直做到計畫結束爲止，好好當你的喬洛縣獸醫官吧。」我坐在桌前，一想到未來四十年都得待在和平工作團，一個小小的聲音提醒我艾納巴達威曾經提供的服務。

我在恩古拉安排另一次會議，這次只召集村長和幾名熱烈支持建築計畫的其他村內領袖。爲了確保出席率，我還告訴大家會議上會有免費的啤酒。

我請人送了四桶兩百升的啤酒到會場，來的人數果然比我邀請的還多。這是我所樂見的，而在不速之客當中，有許多人在計畫一開始的階段就承諾會幫忙。

四桶酒消耗得很快，等到會議正式開始，所有人情緒高昂。這次的會議就像之前的每次會議一樣，都是空談。我望著前方道路揚起一陣塵沙，看了一下手錶，一台卡車準時出現了。

在這一帶，車子來了不是件尋常的事。恩古拉遠離大馬路，罕有人車經過。風沙引起在場所有人注意，大家默默盯著車子停下來。

艾納巴達威踏出車子，那身打扮十足巫醫的模樣：頭戴水牛頭飾，身披土狼皮，腰繫蟒蛇皮帶，飾以牛羚尾巴和鴕鳥羽毛，鮮紅、亮黃和純白的符號創造出絕佳視覺效果。

很嚇人，要不是認識他，我會很怕他。他穿越人群，揮舞著手臂吟誦，一手搖晃骨頭袋子，另一手甩動大象尾巴。

他經過時，大家急忙後退，差點被自己絆倒。他緩慢前進，逐一看著每個人的臉，對每個人搖晃骨頭或拿大象尾巴鞭打，最後，他站到我身旁對大家說話。

「這位是我的兄弟。多可塔拉是我的兄弟，你們傷害了我的兄弟。你們承諾我的兄弟建造藥浴池及照料各位牲畜的人的住所，我看見各位背棄自己的承諾。你傷害我兄弟，等於傷害了我。」他大喊，瘋狂地搖晃骨頭袋子。

我掃視群眾，大家一個個身體緊繃、雙拳緊握、面露恐懼，毫無疑問都被艾納巴達威醫師的力量震懾住了。

「聽好了，凡是傷害我的人必死無疑。信守承諾，做事有始有終，否則我將下咒於你、你的家人、你的牲畜，讓你們死無葬身之地。」他聲嘶力竭地大吼。「滾吧！在我動怒殺人之前，離開我的視線！」他跳進群眾之中，發出連野生動物都會畏懼的咆哮。

沒有人有片刻猶豫，艾納巴達威醫師瞬間清空了會場，只剩下我們兩個人。

「你覺得如何？」丹操著被薰陶出來的英國口音問，回到我身旁，牽起我的手以示友好。

「我的媽呀，太了不起了。我喜歡你這身打扮。」我回答。

「謝啦，這是瑪莉的傑作。偶爾需要加強我的惡名時，我就會拿出來。身體彩繪是費絲和喬依設計的。」

「棒呆了，我們現在要幹嘛？」

「走人，雖然看不到，但在這裡的人都在盯著我們。我們手牽手走回我的卡車，給他們看看我們眞摯的兄弟之情。他們一定會以爲你有黑魔法，才能靠近我又沒被燒成灰。話一定會傳出去，在太陽下山以前，答應過要幫忙的人都要累壞了，因爲趕著明天給營建人員、木匠和泥水匠東西。我相信你明天會有很多幫手和很多磚頭。你今晚要不要來我家吃晚餐？」他說。

「謝謝，幾點去方便呢？」

「七點左右。」

回到辦公室，我要我的營建人員收好工具、水泥，找到建造恩古拉藥浴池需要的幫手，明早他得回去恩古拉。他抗議說這只是浪費時間和燃料，但我向他保證，我收到高度機密回報，有一個地位崇高的權威人士允諾會給予協助和許多磚頭，讓計畫繼續。

我和丹一家人度過一個美好的夜晚。瑪莉煮了美味的牛肉咖哩。飯後，我跟女孩們共坐，讀了兩、三本床邊故事，接著，就是喝茶和下棋的時間了。

隔天早上，Land Rover 休旅車一如預期載著工作人員和建築材料出發了。稍晚，司機大叔回來，我問他：「情況如何？」

「很好，大家忙得不得了，他們要你明天過去看一下。」

我簡直等不及明天的到來。

隔天早上，有幾個人帶著生病的狗上門求醫。等我看完最後一個門診，已經過中午了，我快速打包好前往工地。一到現場，我簡直不敢相信自己的眼睛，眼前彷彿有一群螞蟻正以驚人的速度工作著。磚頭用牛車、手推車，甚至用頭挺著送進來；木匠的手不停歇地敲敲打打，泥水匠快動作砌上灰漿和磚頭，我的團隊看起來既疲憊又快樂。

八個星期的工時只用了一半時間。四個星期後，計畫大功告成，我們舉行剪綵儀式。我非常樂意提供免費啤酒來啓用我們的新藥浴池。

後來，我得知計畫裡的某些人，包括一名重量級的村長在內，在施工期間去世了。很有可能是瘧疾、痢疾、愛滋病、寄生蟲、酒精中毒或營養不良結束了他們的命，但艾納巴達威醫師承擔了所有罪名。死訊沒多久就傳了出去，其他人因此工作得更加勤奮，艾納巴達威醫師也變得更惡名昭彰。

我離開馬拉威一年後，傑夫寫信告訴我，恩古拉藥浴池鬧鬼的謠言甚囂塵上。經常有人在晚上看到鬼魂在附近遊蕩，傳聞是艾納巴達威醫師召喚它們，提醒眾人惹惱他的下場。傑夫還提到，其他地方的動物醫療設備經常失竊，但恩古拉一樣東西也沒少過。

感謝艾納巴達威醫師。

PART 4
生離，死別，而我將回

27 短暫的皇后

你為什麼要照顧我，把我這個妓女當皇后一樣伺候？讓我待在鐵皮屋頂的大屋子裡，每個房間都有白色天花板，有自己的房間，睡在彈簧床上，家裡有水電、沖水馬桶和舒服的衛生紙，浴缸大到我可以直接躺進去泡熱水澡。你讓我在這裡成了皇后。

老媽說過，人生總會遇到這樣的日子。

我在滂沱大雨中從喬洛前往姆蘭傑，雨勢與日倍增，無論是旅行、走路、工作，甚至是呼吸都要花上比平常加倍的時間和精力。等到收工時，太陽已然西落。我騎上一線道馬路時，大雨增強，傾盆而下。

視線朦朧不清。車子經常拋錨停在路中央，只能在車子前後幾公尺的地方各擺放一根樹枝，警告來車不要靠近。今晚正是這種時候。

一個多小時的路程，我花了兩個半小時才到家。我全身濕冷、狼狽不堪，夜警喬一如往常笑容滿面出來迎接我，協助我卸下裝備，然後跑去泡茶。等我換上乾爽的衣服時，茶盤已經在桌上等著我。

我一邊喝茶一邊翻閱桌上井然有序的信件，大部分來自馬拉威政府，等明天再來處理就可以了。最上頭是傑夫的紙條：瑞博，飛鏢俱樂部今晚在跟布蘭岱隊比賽，是一場勢均力敵的對決，來喝杯酒。乾杯，傑夫。我瞄向門外酒吧的方向，雨勢稍歇，我拿起雨傘，前去露個臉。

酒吧熱鬧喧譁、擁擠不堪，我踮起腳尖想瞄一眼分數板，但看不到。我想來瓶酒解解渴，溫酒或冰酒都行，事實上，在馬拉威服務兩年期間，我不記得有喝到難喝的酒。但我實在累壞了，不想進去人擠人，口渴的事只好擱到一旁。

我正要離開，人群中的傑夫發現我，擠了出來，來到門外跟我一同站在傘下。

「瑞博，眞高興你來了，快進來。」

「瘋了嗎？裡面不可能再多塞一個人了。比賽如何？」

「第一局以些微之差落敗，第二局領先中。」

「幫我問聲好。我今天好累，先回家了。祝好運，明天見。」

傑夫回到人群中，才一轉身，一個細微溫柔的聲音叫住我。我停下腳步，在一片黑暗之中，一個纖細的身影冒雨跑向我。

「蘇西，是妳嗎？」我問道，她面露憂傷。「怎麼了？」

「露絲，她生病了，而且愈來愈嚴重，我們都很擔心她。請你來看一下。」

我跟著蘇西進入她跟露絲、南西共用的小房間。我站在門口環顧四周。露絲席地而臥，躺在草蓆上，頭枕在衣服上，莎拉正用濕布擦拭她的臉。儘管雨勢連綿，天候不佳，但女孩們把房間維持得一塵不染、乾爽宜人。

我跪在露絲旁，手撫上她的額頭。「妳感覺如何？」我問。

她勉強露出一絲虛弱的微笑。「不好。」

露絲正在發高燒，我判斷她脫水了。她是如此虛弱，我輕而易舉就抱起了她。我請莎拉和蘇西帶著她的換洗衣物，隨著我穿越黑夜，頂著寒風大雨，腳踩泥地回到我的住處。

我小心翼翼把露絲放在浴缸旁的地上，打開水龍頭。我拿乾淨的床單給女孩們到客房鋪床，另外還有乾毛巾、浴巾和一塊新肥皂，由她們負責替露絲梳洗更衣，扶她回客房床上休息。我則回辦公室牽摩托車和拿藥。

等我回到家，露絲舒服地躺在床上，我替她插上靜脈留置針進行點滴輸液，以防脫水。檢查體溫，發現她燒得厲害，我另外在治療裡加入抗瘧藥和抗生素。明亮的客房讓這個曾經健康活潑的女人更顯虛弱消瘦，不難看出是哪一種病，非洲人叫它「消瘦病」，全世界稱之爲愛滋病。

在露絲打點滴時，我讓莎拉和蘇西到隔壁房間，最後決定酒吧女郎兩人一組，白天輪流照料露絲，晚上我會回來協助其中一人。

第二天，露絲病情好轉，高燒退得差不多，輸液改善了她的脫水現象，她看起來好多了。晚上回到家，我發現爐子上有鍋牛肉燉蔬菜，一旁還有鍋飯。我添了兩碗拿到露絲房間，來到門口，看見她在閉目養神。我輕敲房門，她立刻睜開眼。

「多可塔拉。」她微微一笑。

「晚安，女士，晚餐準備好了。」我把碗放在床頭桌上，拉來一張椅子坐在旁邊。「妳的看護跑哪去了？」我問。

「我跟貝兒、莎拉說我感覺好很多，要她們回家去，告訴南西晚點再過來。有你照顧我，我會沒事，她們不用擔心。」

吃完飯，露絲問：「我可以看你在美國的家和家人的照片嗎？」

我離開房間，帶了一疊照片回來，逐張拿給露絲並解釋細節。她每每都回以溫柔的微笑。我專心展示照片，沒察覺南西站在我身後。

我不好意思地問：「南西，妳站在那裡多久了？」

「幾分鐘而已。」

「拉張椅子一起坐。」我邀請她。

看完手中的照片，我說：「今晚到此爲止，該睡覺了。」

露絲的日間照護包括熱水澡、抗生素和抗瘧藥。她有相當傑出的照護團隊。酒吧女郎無微不至地照顧露絲，她們不只是好姊妹，更是戰友，每個人都在那張床上看見自己的身影。露絲總是叫她們早點回去，我們兩個會聊天看照片打發時間。

第四晚，我告訴露絲明天我要出一趟遠門出診，不會在這裡吃午餐，但晚餐時間會回來。這不全是實話。

隔天，我的確很忙，但不是忙工作，而是安排後事。即使我不是醫治人類的醫師，也知道病人時日不多。我依約在晚餐時間返回，吃完飯，洗好碗盤，我詢問露絲是否有任何特別的要求。

「多可塔拉，你可以帶我去外面看星星嗎？」

我搬了張客廳椅子到門廊上，鋪好毛毯和枕頭，攔腰抱起露絲來到門外。她好輕，比五天前我從她房裡草蓆上抱起她時還要輕。我小心翼翼把她放在我準備好的椅子上，用毛毯蓋住她，再拉來另一張椅子，坐在她身旁。

那一夜，星空璀璨，我們兩人靜靜地仰望美麗星辰，我們很幸運，長久以來第一次，得以看見如此清澈的夜空。遠方傳來附近村落的音樂聲。

露絲打破沉默：「多可塔拉，你爲什麼要照顧我？」

我思忖片刻，發現自己無法給出簡單的答案，反問：「我病重時妳爲什麼關心我？」

「哦，多可塔拉，」她微微一笑。能看見她的笑容眞好。「你這個 azungu（白人）瘋子，你眞的不知道嗎？你是唯一眞心對待我和女孩們的男人，不斷付出卻不求回報。不收房租讓我們住進你的傭人房，生病時給我們藥，生意冷淡時送食物到我們房間。花時間指導我下棋，並訓練我打敗一個男人，給我們保險套保護自己。」說到這，她呵呵直笑。「還記得和平工作團的貝蒂護理師來辦公室找你時，你得解釋爲什麼需要用掉這麼多保險套嗎？」她哈哈大笑，倏地轉爲劇烈咳嗽，咳到見血。

等到她停止咳嗽，平緩氣息後，我說：「我當然記得，我可是精力充沛的愛人——

像公牛般強壯，卻又親切溫柔。」

露絲被逗得呵呵笑，然後又是一陣劇烈的咳嗽和吐血，她邊咳邊說：「別說了，多可塔拉，我不能再笑下去了。」她平靜下來後，看著我說：「我為什麼要照顧你？萬一你死了，一部分的我也會跟著死去。」

我無言以對。露絲打破沉默。「你還是沒回答我的問題。你為什麼要照顧我，把我這個妓女當皇后一樣伺候？讓我待在鐵皮屋頂的大屋子裡，每個房間都有白色天花板，有自己的房間，睡在彈簧床上，家裡有水電、沖水馬桶和舒服的衛生紙，浴缸大到我可以直接躺進去泡熱水澡。你讓我在這裡成了皇后，噢，但願我村裡的人能看見我現在的模樣。」

我瞄了眼她的臉，她正咬著顫抖的下唇。我拿出口袋裡的手帕，拭去她滑落的淚水。「露絲，我照顧妳是因為我喜歡妳。」

她似乎滿意了，沉默良久後開口問：「你覺得上帝愛我嗎？」

「為什麼不愛？」

「多可塔拉，」她輕聲一笑。「你一定有發現我過著不道德的生活。不知道上帝在天國有沒有給妓女住的房間。」

我媽常說：「玩笑話裡藏著真心。」露絲知道自己不久於人世，看得出來她在害怕未知的世界。

「握著我的手，朋友。」我伸手去牽她的手。「來馬拉威之前，我知道上帝；來到這裡後，我才能說我認識上帝。我見證過上帝的愛與行爲。」

「我不是專家，但我知道神愛世人，這是眞的。上帝的愛如此強大，不管受到什麼樣的傷害或失望，上帝依然深愛我們，希望我們好好生活。我知道上帝就在這裡，在妳心中。我看到了，妳不該有一絲懷疑。敞開心胸，就像妳贏棋之後跟我說話那樣，跟祂說話，上帝會聽見妳，妳會感覺到上帝的存在。」我說。

露絲一言不發地凝望滿天星辰，不久，她唇角微微勾起一抹微笑。「我想休息了，可以請你帶皇后回房間嗎？」

「立刻照辦，皇后殿下。」我溫柔抱起她。

「多可塔拉？」

「什麼事，殿下？」

「如果我是皇后，你就是我的國王。」她粲然一笑，美麗動人，頭輕枕在我的肩上。

「謝謝妳，殿下。」我回答。

我心中滿溢悲傷地將露絲放回床上，祝她有個好夢。南西來了，舒服地躺在露絲床邊的草蓆上。我曾提議在露絲旁邊另外安排一張床，被她們拒絕了。我猜想，她們想讓露絲有皇后的感覺。

隔天早上，我不需鬧鐘，黎明即醒。無論何時入睡，曙光乍現時我就會自然甦醒，我最愛透過窗戶欣賞地平線上的光線變化。在這個特別的早上，一個熟悉的朋友棲息在前院的桃花心木樹上。

「嗨，朋友，你又回來了。再一次帶來悲傷的消息。」

貓頭鷹瞥了我一眼，隨即展翅高飛。訊息送到了，美麗可人的露絲走了。

我凝視日出，三個星期以來，第一次得以好好欣賞日出。同時，我聽見隔壁房間傳來南西低微的啜泣聲。

別了，我的皇后，在上帝的擁抱裡安息吧。Pitani bwino。

28 她的告別式

這是個奇特的早上，也是兩年服務期間難得清靜的一天。沒有上門求醫的寵物或動物，田裡沒有任何求助的訊息。電話狀況良好，卻一聲也沒響。

我換好衣服，緩緩走向客房。房門緊閉，但聽得見南西的哭聲，我敲敲門。「我是瑞博，南西，我知道露絲的靈魂走了。」

南西打開門，我站在原地看著露絲。她雙眼闔上，嘴角微微上揚，露出一抹溫柔的微笑，兩手交疊在腹部上。看起來，她是在平靜的狀態下離開的。但願真是如此。

我發現自己忽略南西了，轉身問道：「妳還好嗎？」

一問之下，始終壓抑情緒的她終於崩潰，撲倒在我的懷裡哭泣。

「她是我最好的朋友。」她啜泣著說，接著號啕大哭。

痛哭過後，南西緊摟了我一下，拍拍我的肩，接著退了開來。「我很好，謝謝你。」

「妳確定？」我遞出手帕。

「是啊。」她擦擦臉頰。「現在怎麼辦？」

「我需要妳和其他女孩替露絲換上她最好的衣服和花布。我明天早上十點左右，會開著休旅車來接露絲和有意參加告別式的人。我已通過成年禮見證人的訓練，有資格執行喪禮。」我說。

南西離開去拿露絲的衣服，我關上門，開始重要的儀式，為亡魂送行。我花了一個多小時吟誦禱告，也加入幾句基督教的禱詞，送走露絲的靈魂後，我滿意地離開客房。

我回到辦公室，消息在我抵達前先傳到了，氣氛一片低迷。大叔一如往常坐在吉兒的桌前。

「大叔，你可以到我辦公室來一下嗎？」

「好的，多可塔拉。」他跟著我走。

「大叔，我們今天要出一趟遠門。油箱裡還有多少油？」

「大概還有四分之三。」

「很好，請你先去一趟柏塔先生的木材行，載回我訂好的棺木，送到我家，在私人車道等我。chabwino（好嗎）？」

「交給我吧。」

「Zikomo（謝謝）。」

真不敢相信露絲走了。這是個奇特的早上，也是兩年服務期間難得清靜的一天。沒有上門求醫的寵物或動物，田裡沒有任何求助的訊息。電話狀況良好，卻一聲也沒響。

我等到十點十五分才離開，回到家跟南西、蘇西、莎拉、貝兒和蘿絲會合；所有人穿上最好的花布，手捧一束鮮豔的花朵。我示意大家在外頭稍候，接著和大叔把棺木搬進客房裡，放在露絲安息的床旁。女孩們細心地爲露絲穿上亮黃色衣服，以及印有非洲草原的花布。

我還得執行最後一項儀式。大叔離開房間後，我關上門，輕輕地把露絲放入棺木裡，唸最後的禱文，儀式到此結束。釘上棺蓋後，我們把棺木移入車子，等所有人都坐進後座，我跳上前座出發。

在馬拉威，告別式是整個家族、親朋好友都要參加的大型儀式，哀悼者數以百計，但露絲生前要求只讓至親家人參加。我們在一座可以俯瞰橙河的小山丘上舉辦告別式，這裡是一處私人小墓地，以馬拉威的標準來說，所費不貲。說來諷刺，一名貧窮的酒吧女郎有如皇后般逝去，和當地的名門富豪同葬一處。

我讀了幾頁聖經，添加自己的禱文，出席者逐一道別，女孩們把美麗的花拋在棺木之上後，各自躲到休旅車附近哭泣。

「一切都還好嗎？」傑夫在我回到辦公室後問。

「好得不能再好。今天有什麼事嗎？」

「沒，很平靜的一天。」最後兩小時緩慢地過了，我無所事事。祖母常說：「我們活在回憶之中。」這個下午，我都沉浸在跟露絲有關的回憶中。

傑夫輕聲說話，把我拉回現實。「我要走了，瑞博，明天見。瑞博，你還好吧？」

「抱歉，傑夫，你說什麼？」

「我說，我要走了。你最好也回家吧。」

「好主意，明天見。」他似乎在擔心什麼。

「你確定你沒事？要不要我晚點過來，或是留下來過夜？」

在學習儀式時，我得知執行儀式的人會得到某種天啓，暗示亡魂已經平安渡河。大多數的天啓相當平和，有時甚至只是夢中的一道聲音，然而，也有罕見的天啓來得異常暴力，會傷到執行喪禮的人。這正是傑夫擔憂的地方。

「我很好，露絲永遠不會傷害我，謝謝你的擔心，你眞是個好朋友。」

「最後一件事：不願哭泣的孩子會死在母親的背上。晚安。」他怎麼知道我還沒爲露絲哭泣？

我回到家，滿腦子想的都是那個聰明伶俐、工作認眞又充滿愛心的女孩，她十四歲結婚，十七歲離婚，然後在二十三歲死去。我們痛失了一個人才。

我坐在餐桌前，吃著索然無味的食物，煮了杯濃烈但索然無味的咖啡。我逼自己吃完飯，洗好碗盤之後，來到客廳休息。我打開書，同一段文字讀了四次卻半句也沒進到腦子裡，知道再讀下去也沒有用，再說我也累壞了，因此決定早早上床就寢。

我躺在黑暗之中，回憶如潮水般湧上，我終於哭了。爲了露絲，爲了其他酒吧女郎，也爲了那些無法活到發揮才能的人。我爲這片美麗大地的殘酷哭泣，任由悲傷淹沒了自己。

我起先毫無睡意，隨著夜色深沉，終於迷迷糊糊睡著了。隔天一早，我睜開眼睛，凝望著被曙光微微點亮的天花板。我沒有作夢，顯靈或天啓之類的什麼也沒有，還是說睡覺本身也是一種徵象——是這樣嗎？我睡得相當深沉平穩，我得承認我感到有點失望。

照射進房間的光線越來越強烈，該是起床的時候了。我起身換好衣服，一如往常去拿櫃子上的皮包和鑰匙，卻發現鑰匙旁放了兩樣特別的東西。住在非洲那麼久，也知道生活上會出現難以解釋的事。我對著露絲留下的記號微微一笑。

我愉快地將東西放進口袋，來到辦公室，開開心心地跟大家打招呼。一開始，大家被我搞糊塗了，但沒多久就感染到我的好心情，整間辦公室充滿平時吱吱喳喳的歡樂聲。

「早安，傑夫。」我探頭進去傑夫的辦公室。

「早安，瑞博，你今天看起來心情很好。」

「我是啊。我問你，你每天早上都會看到要下班的喬，對吧？」

「是啊，我今天早上看到他了。」

「他有沒有提到昨晚的事？像是看到奇怪或不尋常的事？」

「聽你這麼說，他的確有談到昨晚的英國海外軍政總署比平常更安靜，我記得他還用了『寧靜』這個字眼。怎麼了嗎？」

「只是好奇。跟我來，可以在我的辦公室發現一件很有趣的事。」傑夫跟在後頭。

「有看到不一樣的地方嗎？」我看著他環顧四周。

「沒有啊，看起來就跟平常一模一樣。」

「仔細看清楚我的桌上，說說你看到了什麼，有什麼地方不一樣嗎？」

我看著傑夫掃視桌面，他起先摸不著頭緒，接著神色一亮。「是你的棋盤。」

「棋盤怎麼了？」

「少了兩個棋子，白色國王和黑色皇后不見了。」

「沒錯。」我伸手從口袋拿出那兩個遺失的棋子。「露絲昨晚把這兩個放在我的櫃子上。」我把黑色皇后放回她的位置，一旁是白色國王，耳邊響起她的話：「如果我是皇后，你就是我的國王。」

29 灑在水面上的麵包①

「我相信你，多可塔拉。」非洲智者說，接著跪在我身邊，一手撫著我的肩膀。「我曾說過，狗狗會回報你的恩德，牠們會永遠守護你。」

我停好摩托車，抓起醫藥箱冒雨走回辦公室。雨衣派不上用場，反倒積了一堆水在裡面，靴子積滿了水，每走一步就噗滋作響。接連下了八天的雨，我已經受夠了，我討厭陷入泥巴裡，討厭渾身濕透，討厭艱難的路況，最討厭的就是「股癬」發作。

吉兒走進我的辦公室，瞄了我一眼說：「我馬上去準備熱茶。」

傑夫跟著出現。「情況如何？」他問道。

我凝視著窗外不曾停歇的連綿大雨。「糟透了。大雨把卡拉先生蓋的牛棚沖進阿古斯特的玉米田去了，一點遮蓋都沒有，卡拉的母牛又不肯起來，只好把牠拖到高一點的地方，在泥地裡打滾了兩個小時，小牛還是拉不出來。很遺憾，我不得不在惡劣的環境下，冒雨執行剖腹產，小母牛很可能感染肺炎死亡，或被淹死。你知道最好笑的部分是什麼嗎？」我說。

「是什麼？」

「在美國，還有人還覺得非洲都不下雨呢！更好笑的是，我明天要冒著豪雨去喬洛陡崖。可惡，再不解決胯下癢的毛病，我就要瘋了。」

隔天，我在破曉前出發，路況跟預期中一樣糟糕，車子在一檔和二檔會打滑，偶爾換到三檔，但好景不常，隨即又得降檔，在泥濘之中步履維艱。有時我甚至得下車，推著勉強維持在一檔不熄火的車子前進。

儘管氣候惡劣，我還是做完了一大堆工作。第三天傍晚，我巡視完畢，感到精疲力竭，把摩托車轉向姆津巴大夫的村落，騎車出發。

只要想到熱騰騰的晚餐、熱茶、溫暖乾爽的客屋，跟摯友談心，還能睡上一晚好覺，我就感到一股溫暖，立即重新上緊發條，一鼓作氣騎車上山。原本就崎嶇的山路因爲傾盆大雨變得艱困難行，入夜之後更是雪上加霜。四十分鐘內我就摔倒了四次，渾身濕透，寒冷刺骨，心情糟透了。我持續推進，車尾一路搖搖擺擺。狹窄小路兩旁是陡峭的堤岸，雨水匯流成河，淹沒一半的路面；我涉水前進，水全面滲透我的靴子、我的背、我的褲檔，雨打在身上，從腳邊汩汩流過。連教官聽了都會臉紅的髒話已經來到嘴邊，前方突然出現不明物體。我停車，撥去安全帽面罩上的斗大雨水。

在車前大燈的照射下，一隻土狼擋住我的去路。我看著牠無懼於車燈和轟隆的引擎

①出自傳道書一：一一，「把糧食灑在水面上，日久你就有所得」，意味真心行善不求回報，終有一天，好心有好報。

聲，朝我步步進逼。我按住喇叭，喇叭長鳴一聲，但土狼不為所動，緩慢前進。真奇怪，我以前也遇過土狼，只要一按喇叭，牠們就會嚇跑了。接著我看到土狼口吐白沫和血液，眼神空洞！是 Chiwewe——狂犬病！

我盡可能後退，和土狼保持距離。路面濕滑泥濘，我跑不了，道路過於狹窄，車子轉不過去，堤岸太陡，摩托車也上不去。唯一的辦法就是丟下摩托車逃命，但願那隻土狼會被燈光吸引過去，沒空理我。

土狼發出淒厲的嚎叫，喀喀喀地咬牙。我正要拔腿落跑，突地，笨笨和跳跳一左一右跳了出來，擋在我和土狼之間，繃緊肌肉弓起背，齜牙咧嘴地堅守原地。

雙方打得激烈，畫面血腥，狗狗以驚人的速度和耐力迎戰，一次也不曾哀嚎。在摩托車的燈光之中，一場生死大戰在我眼前展開，土狼最後倒下死亡，狗狗也消失不見了。我不停呼喊，但怎麼也找不到牠們。

我騎在濕滑的路面上，一路搖晃地趕往姆津巴大夫的住處，心臟撲通狂跳，我估計狗狗會需要縫合、抗生素、狂犬疫苗和休克療法，我在腦中事先擬好療法，只要一抵達就能快速有效地治療牠們，我一定要救活守護我的狗，我虧欠牠們太多了。

來到姆津巴大夫家，他正坐在屋外門廊的椅子上，我激動得差點把車騎到他的大腿上。我跳下車，上氣不接下氣地用英語夾雜著齊切瓦語解釋我剛目睹的一切，就不知道他聽懂了沒。

「跟我來，我帶你去看狗狗們。」他平靜地說。

我拿起醫藥箱跟著他來到屋後。他停下腳步，指著兩座墳墓。

「笨笨和跳跳就睡在那裡。三天前，山裡來了一群土狼攻擊我們的牛，笨笨和跳跳以一擋十，趕走土狼救了牛。如果你看到小狗戰鬥的模樣，一定會引以爲傲，多可塔拉，可是牠們沒能撐過來。」他流下淚。「因爲負傷過重，沒多久就死了。我們沒時間通知你。」

我難以置信地搖搖頭。「不可能，十五分鐘前牠們才救了我。我知道是牠們。我看見牠們了。」我丟下箱子跪倒在地，捧起兩座墳墓的沙土，轉向姆津巴大夫。「一定是牠們。」我的淚水混入滂沱大雨之中。「全國上下沒有其他狗長得像笨笨和跳跳一樣，一定是牠們，我說的是事實，我看見了！」我哽咽地爭辯。

「我相信你，多可塔拉。」非洲智者說，接著跪在我身邊，一手撫著我的肩膀。「我曾說過，狗狗會回報你的恩德，牠們會永遠守護你。」

30 黑色皇后的臨別禮物

葛蕾絲是個特別的女孩，不該就此埋沒……我把存下來的錢全數給了安修女，讓葛蕾絲能留在學校。請你確保葛蕾絲能繼續求學，成為她的英雄，多可塔拉，別讓她擔憂自己的行李會被丈夫丟在門外。

我坐在桌前處理事情，希望能在志工任內最後幾個月完成，聽到辦公室外傳來傑夫的聲音。「這邊請，小姐，請跟我來。」緊接著是一陣敲門聲。

「請進。」我說。

「瑞博醫師，有位葛蕾絲．巴拉卡小姐想找你說話。」

我從椅子上起身，前去迎接站在傑夫身旁的小女孩。她穿著聖心教會小學制服，就位在喬洛縣外。「Muli bwanji（妳好嗎）？」我伸出手。

「Ndili bwino，kai inu，多可塔拉。」她回答。「我很好，你呢？」她握住我的手，微微屈膝行禮，年紀雖小，舉止卻相當得宜。

「Ndili bwino intenso，葛蕾絲小姐，請坐，要來杯茶嗎？」

「不用了，謝謝。我是來這裡是請你和我對戰一局。」她說。

我大吃一驚。「妳會下棋，誰教妳的？」

「露絲。」

「哦。」我瞄了眼桌上的棋盤，視線停留在黑色皇后。自從露絲死後，我再也沒碰過棋盤。

「露絲說，等我準備好，就來這裡找你對弈。她昨晚來到我夢中，要我轉告你，日子還是得過下去。」葛蕾絲說。

日子還是得過下去。嗯，mawa 的正面意義，好消息是，永遠都會有明天。我莞爾，這是死後的露絲給我的鼓勵。

「妳很厲害嗎？」我問道。

「只有一個方法可以知道，來下棋吧。」

傲慢的小傢伙，我心想，完全是露絲會說的話。

「妳爸媽知道妳在這裡嗎？」

「我徵求過他們的同意才來的，我得在天黑前回家。」

「妳的村子在哪？」

「我父親是格瑞．巴拉卡，你來過我家好幾次。」

「我認識妳父親，妳家有棋盤嗎？」

「父親替我做了一個，我會跟同學一起下棋。」

「我要去妳家附近替幾頭牛做檢查，我先送妳回家，工作完後，我再過去找妳下棋，如何？」

「你是說我可以坐你的摩托車？」她瞪大眼睛。

「是啊。」

我把醫藥袋牢牢綁在車上，讓葛蕾絲坐到後座，要她抓緊我的腰。一開始，她拘謹害羞地抱著我，等車子發動開始馳騁，她便像條蟒蛇般緊緊抓住我。

四十分鐘後，我們停靠在她家前面，那是一棟簡單的土屋。我扶她下車時，葛蕾絲的母親愛德娜出來迎接我們。「謝謝你送葛蕾絲回來，多可塔拉，她的棋藝如何？」

「我們還沒下棋，我不想讓你們擔心她天黑前能不能回家。我在附近有工作，回頭會來拜訪，到時再來下棋。」

我再回來時，發現一棵大鱷梨樹下擺了張小桌子，葛蕾絲坐在桌邊擺設棋盤。

我端詳眼前的棋子。葛蕾絲的父親格瑞親手打造了這些棋子。宛如非洲王族的國王和皇后，塑造成靈魂舞者模樣的主教，有著獅頭的騎士，像小土屋的城堡，士兵是一個個擁有不同面貌的頭。手工粗糙，但每一個棋子都灌注滿滿的愛。

「妳父親做的這個棋子非常漂亮，葛蕾絲，太棒了。」

她笑逐顏開，我拿起黑色和紅色的士兵，在背後互換藏在手心裡，接著伸出緊握的雙拳。「妳選吧。」

她輕拍我的右手，我攤開手心，是黑色士兵。我移動第一步棋時，葛蕾絲的母親在我們旁邊擺了一張小桌，泡茶給我們喝。

我的戰略是在四步之內，靠皇后和主教打敗葛蕾絲。我走到第三步，她咯咯直笑。

「有什麼好笑的？」

「露絲說，你喜歡速戰速決，你得拿出更好的實力，多可塔拉。」說著，她移動她的騎士擋住我的下一步。

「她還教了妳什麼？」

「等著看。」三步之後，她取走我的皇后，大喊：「將軍！」她再次呵呵直笑。

「我也可以拿走妳的皇后，這樣妳就沒好處了，妳知道嗎？」

「知道。露絲說，你慣用的手法之一，就是提前犧牲皇后，用來打擊對手。她要我搶先下手。」

「有意思，妳多常下棋？」

「每天。」

「成果如何？」

「大部分都是我贏，偶爾會和局。」

「沒輸過？」

「一次也沒有。」她從棋盤上抬頭，臉上的神情似曾相識。在我的回憶裡深埋著同一張面容，露絲決心要打敗泰德·可摩時，我在她的臉上看到同樣的堅毅。棋局持續進行，我發現葛蕾絲小姐絕非泛泛之輩。

「葛蕾絲，妳長大後想做什麼？」

「我想當護理師或老師，我想幫助別人。」

「有想過當醫師嗎？」

「不可能！」

「爲什麼？醫師也可以助人啊。」我邊說邊端詳棋盤，走完棋步抬起頭，發現葛蕾絲瞪大眼睛看著我。

「你眞的覺得我可以當醫師？」

「誰知道？只有聰明出眾的人才有資格。如果不去試，永遠不知道。換妳下了。」

她神采飛揚地繼續下棋，半小時後，她移動主教，笑得邪惡。

「妳笑什麼？」

「你沒發現嗎？多可塔拉，你完了，我再五步就將軍了。」她自信滿滿地說。

我帶著同樣邪惡的笑容，移動下一步。

她打量棋盤，垮下臉。「我哪個地方疏忽了？你想拐我上當嗎？」她問。

「玩下去就知道了。」

四步後，我困住她，將軍！她當場悔恨得快要哭出來。「笨蛋笨蛋笨蛋，我是個笨蛋！」

「別太自責，輸掉比賽又不是世界末日。」葛蕾絲不信我。「妳是個令人敬佩的棋手，妳年紀還小，學棋的時間又短，妳應該爲自己感到驕傲。我知道露絲一定會的。」

她神情一亮。「你眞的這麼想？」

「是的。」

「再下一盤。」

「抱歉，今天沒時間了，我改天再來，到時我們可以玩很多局。」

我謝謝愛德娜提供的茶點，檢查了一下牛隻，再跟格瑞聊了一會兒後，我回到辦公室。

當天下午，我聯絡聖心學校校長安修女。安修女出生成長於希雷河谷下游的大象濕地，是馬拉威的在地修女，和我是熟識，心胸就像濕地一般寬廣，不但悉心呵護自己的九隻狗，還主動留心員工的寵物，要大家都接受應有的動物治療。她每個星期都來辦公室，是我的忠實顧客之一。

「不好意思，修女，可以跟妳說句話嗎？」我站在她辦公室門外說。

「當然可以，進來坐，我正要喝茶，要來一杯嗎？」

「麻煩了。」

各自喝了一口後，她微笑。「今天怎麼會來？」

「我想了解一下妳其中一名學生，她叫葛蕾絲．巴拉卡。」

「我們的小棋后！你知道我們沒人能打敗她嗎？連我們那位自詡為高手的自然老師，頂多也只能和她比到和局。」

「她非常聰明。」

「沒錯，葛蕾絲是老師的理想學生，擁有無限潛能，天資聰穎、個性積極、活潑開朗，做事也認眞。」

就是那個——潛能。

「接下來我要問一個私人問題，如果覺得我多管閒事了，請儘管說。我昨天去葛蕾絲家下棋，就我感覺，她家應該負擔不起學費，他們是怎麼付的？」

「非常困難，竭盡所能還是不夠。學校所有人都以葛蕾絲爲榮，想盡辦法讓她繼續接受教育，對她有著極高的期望，但下學年就難了。」

「爲什麼？」

「這是她最後一學年了。露絲小姐資助葛蕾絲接受聖瑪莉中學的入學考試，五百名考生中，葛蕾絲高分拿到第十四名。露絲小姐付了入學訂金，但葛蕾絲得在開學前繳齊剩下的學費。」

「聖瑪莉？在林貝的寄宿學校？她父母都付不起這裡的學費了，怎麼可能負擔得起一間寄宿學校的費用？」

安修女莞爾。「想想野地裡的百合，多可塔拉，你記得這一段話嗎？」

「因爲生命勝於飲食，身體勝於衣裳……出自路加福音。這是很重要的原則，但是，修女，原則付不出學費、房租和伙食費。」

「一點也沒錯，所以我們必須心存希望，祈禱出現一條明路。」

「恕我直言，但希望終究會落空。上帝已經賦予我們能力，再多就是奢求了。」

她從抽屜拿出一封信。「這是某個了解你的人留給你的信。」

我展信閱讀。

多可塔拉，

等你來找安修女的那一天，就會看到這封信。葛蕾絲是個特別的女孩，不該就此埋沒。你一定會發現，一定會來。我把存下來的錢全數給了安修女，讓葛蕾絲能留在學校。請你確保葛蕾絲能繼續求學，成爲她的英雄，多可塔拉，別讓她擔憂自己的行李會被丈夫丟在門外。

Pitani bwino（保重）

露絲

我不發一言盯著信。安修女察覺到我的沉默，不安地說：「暗自盤算是豺狼的行爲。」

說到豺狼就想到葛蘭．馬菲斯。我活動右臂，嗯，還會痛。我知道該怎麼做了。

「謝謝妳的茶，修女，應該很快就能再見了。」

「你還好嗎？多可塔拉，你好像見鬼了一樣。」

「我的確是，修女，我看到了黑色皇后的靈魂。」

回辦公室路上，我想好了策略。多虧了那個渾蛋葛蘭．馬菲斯的慷慨，葛蕾絲有了第一筆就讀中學的資金。但她還需要更多錢，而我的任期已經快結束了。寄封信到美國或英國至少也要超過三個星期，要解決葛蕾絲的問題時間緊迫。

隔天，我到卡布庫教會醫院找大衛．伊華班尼醫師。他正在治療門診病人，好不容易才和檢查室門口的我對上眼。

「唷，我的好兄弟瑞博醫師！快進來，轉一圈讓我看看你。」他指著我說。我走進去，乖乖轉了一圈。「轉圈幹嘛？」我問道。

「我得檢查一下啊。你今天看起來很好，你老是受了傷才跑來找我。」

「很好笑。」

「顯然你不是來找我治療，而且你看起來和平常很不一樣。有什麼事嗎？」他把注意力轉回坐在檢查桌上的病患。

「我認識了一個新朋友，棋藝高超，她想和你比一場。我想跟你約星期天，你會來吧？」

「可是我沒有交通工具，抱歉。」他隨意的口吻一轉，字正腔圓地說：「我無處可去，整天都在，不要太早來，這樣你跟你朋友還可以留下來吃午餐。」

「好極了，那就星期天見了，耶！」說完，我便走了。

回辦公室途中，我繞到葛蕾絲家和她父母商量，希望能為葛蕾絲引薦一位非常重要的人物，讓兩人對弈。我徵求他們的許可，讓我星期天十點左右來接葛蕾絲，晚點再送她回家。兩人都同意了。

星期天早上十點半左右，我騎車載著葛蕾絲來到卡布庫教會醫院廣場，大衛正在家休息。我介紹葛蕾絲給他認識。「這是我提到的那位神祕冠軍，準備好對弈了嗎？」

「我準備好了。妳多大了，孩子？」

「我十二歲了，先生，剛讀完六年級。」

他狐疑地瞄了我一眼，我只是笑了笑，聳聳肩。

大衛在門廊擺設棋盤，對弈開始。他步上我的後塵，過於輕敵，追求速戰速決。她機敏地反攻，像隻鯊魚追著海豹般追殺他的棋子，我看著他撤退，天氣並不炎熱，他的額頭卻冒出斗大的汗珠。

九十分鐘後，比賽以和局作收。「葛蕾絲小姐，妳下得真好。」大衛伸手越過棋盤。「謝謝你，伊華班尼醫師，你人真好。」她真誠地說。「希望改天能再下一盤。」

「好呀。」

「葛蕾絲，我想私底下跟大衛醫師說幾句話，妳可以先離開幾分鐘嗎？」我說。

她走後，我轉向大衛：「你覺得她怎麼樣？」

「老天，她太聰明了！我在她這個年紀都沒這麼厲害。」

「很高興你這麼想，我需要你的幫忙。」

「哪一種忙？」他警戒地問。

「她來自非常貧窮的家庭，要出人頭地就得完成學業。她以出色的成績通過聖瑪莉中學的入學考，一名教她下棋的女士替她付了入學金，可是家人付不出學費，更別提房租和伙食費，要靠你了。」

「你要我付錢?!」

「老天，不是！我是要你當她的經濟監護人。我計畫在美國或英國幫她找贊助者，但需要一個負責人。資助者不管是個人或是團體，都會想要確保錢是全數用在葛蕾絲的教育上。我再過幾個月就要離開這裡，我想不出有比你更可靠的人。」

他顯然被激起了興趣。「你打算怎麼做？」

「我們開設一個存錢帳戶，你從帳戶裡拿錢出來付葛蕾絲的學費，讓贊助者知道最新的支出狀況，最好定期寄出進度報告，你本人偶爾寫封信也不錯。還可以鼓勵葛蕾絲跟贊助者通信，讓他們直接感受到錢花得有價值。你覺得呢？」

「算我一份。你去找贊助者，剩下的交給我。」我們握手談定，我跑著離開。

第一件事就是信件攻擊，我寄出一大堆信，回信也接二連三，但內容大同小異：「很抱歉，我們不贊助這方面的事。」被拒絕多了，我很不切實際地想求助自己的爸媽。把五個孩子拉拔到大學畢業，兩老也沒多餘的錢，但時間就快不夠了，我正要寫信給我爸媽時，收到了一封來自馬里蘭州巴爾迪摩的艾倫·布朗太太的信。

瑞博醫師您好，

很抱歉我們的理事會不久前拒絕了你爲葛蕾絲·巴拉卡的教育基金所提出的募款申請。你的來信情眞意切，信裡關於葛蕾絲小姐的處境也令我感動，但我在投票上輸了，很遺憾，按照我們薄弱的組織規章，我們的理事會駁回了你的請求。

多年前，我也遭遇到跟葛蕾絲小姐相同的困境。如果不是有位陌生人的幫助，我就無法完成學業，現在也不會成爲一名教師。我很高興現在換我來幫助葛蕾絲小姐。

請寫信告訴我如何提供資金，我很期待收到伊華班尼醫師的消息，以及葛蕾絲小姐、她的家人和她成長環境的照片。

艾倫·布朗敬上

「哦耶！太好了！」我在辦公室裡手舞足蹈，和傑夫擦身而過，衝向摩托車。

「瑞博，你還好吧？」他在我身後問。

「好得不得了！我得走了，這裡交給你啦！」

我登門帶來好消息時，葛蕾絲和妹妹安潔正在幫母親準備晚餐。格瑞堅持留我下來一起用餐，我照做了，一如往常，晚餐被吃得一乾二淨，不留半點剩菜剩飯。

在女人們收拾善後的同時，太陽宛如投入販賣機的硬幣般快速落下。晚上剛過六點，我和巴卡拉一家圍坐在小火堆旁談天說地。格瑞要孩子們說說每個人在學校發生的事，等到孩子們說完，愛德娜的父親，也就是孩子們的外公摩西·班達說了一個故事，是他年輕時從一位智者那裡聽來的——

有一天，獅子、水牛、鸛鳥、蛇和老鼠一個接一個走在穿越森林的小路上，彼此保持一定的距離，不近也不遠。老鼠特別小心，以免超過在牠前面滑行的蛇。

先前一場暴風雨打落樹幹，掉在一個被湍急的河水沖刷出來的深坑。動物們接二連三掉進坑裡，爬不出來。

獅子想趁水牛殺了自己之前，先咬住水牛的喉嚨。水牛想趁獅子殺了自己之前，先一腳踩死獅子。鸛鳥想先抓住蛇，蛇想咬住鸛鳥的背。老鼠心想：我死定了。

動物們圍成一圈移動，一個逼近另一個，緊盯著眼前的威脅。只有老鼠除外，牠威脅不了任何動物，眼前都是危險。大家都在等誰會先動手，這時，鸛鳥傲慢地嘎嘎大叫：「如果我們能撇開恐懼，就能聯手合作離開這裡。」

所有動物咕噥著、嘶鳴著、吱吱叫著紛紛同意了。大家苦思對策，最後鸛鳥低聲鳴叫，彷彿若有所思：「我站在水牛頭上，蛇纏住我的腳，我用嘴叼著老鼠，水牛把我甩向空中，我們三個就能飛出洞口，然後再去求援。你們覺得呢？」大家想了許久，互換擔憂的眼神，但也別無他法，只能同意。

經過多次嘗試——老鼠擔心鸛鳥會不小心或故意吞掉牠，蛇擔心纏住鸛鳥的腳會害牠飛不起來，鸛鳥被拋出洞口，盡可能達到飛行的高度。計畫非常成功，這個不可能的組合成功抵達地面，鸛鳥一路飛著，找到了一名農夫，三隻動物懇求農夫幫忙。

農夫說獅子殺了他的牛，水牛踩壞他的作物，蛇和鸛鳥殺了他的小雞，老鼠吃掉他的穀物。「我不能幫你們，我得快點播種，就快下雨了。」

鸛鳥叼著老鼠，腳上纏著蛇，繼續飛行，找到了另一名農夫。三隻動物解釋了牠們的困境，農夫的回應也是一樣。三隻動物鍥而不捨，懇求了一個又一個農夫，得到的答案都是：「不行。」

太陽西落，三隻動物都很難過，牠們找到最後一名農夫，並懇求他。農夫看得出來，鸛鳥已經累到飛不動，蛇也快撐不下去，再這樣下去，老鼠也會死在鳥嘴上。他說，獅子也殺過他的牛、水牛踩壞過他的作物、蛇和鸛鳥吃掉他的小雞、數以千計的老鼠把他的穀物變成老鼠屎，他也得趁下雨前播種。「不過，我會幫你們。」他說。

農夫拿起鋤頭，帶著兩名年輕的兒子，隨著鸛鳥、蛇和老鼠來到坑洞，他指示兒子去找食物給獅子和水牛。「你們太大了，我和我的兒子拉不動你們，必須挖出一個斜坡讓你們自己爬出來。」

他們不分晝夜連挖了好幾天。這段時間，農夫始終注意著天空，掛心著下雨的事，如果這次無法收成，他不曉得該如何活下去。斜坡挖好了，獅子和水牛終於脫困，正要前去跟農夫致謝時，發現他和兒子已經精疲力竭地睡成一團。

「我們得幫助這名農夫。」獅子說。

「把他們放到我背上吧，我來背他們回家。」水牛說。

獅子十分費力地把人類搬上水牛的背，因為鸛鳥、蛇和老鼠幫不上什麼忙。大家跟著水牛來到農夫家時，農夫和兒子依舊昏睡不醒。農夫的妻子把三人扶進小屋的床上。

「馬上就要下雨了。」老鼠說。

「農夫沒時間播種了。」蛇說。

「只能靠我們耕作了。」獅子說。

「我來犁田。」水牛低下頭，用角抵地，一路走一路犁田。

「我來啄洞放種子。」鸛鳥跟著水牛後頭，用鳥嘴啄出一個個播種的洞。

「我來背種子，把那些種子袋放到我背上來吧。」

「我來播種，我最愛種子了。」說著，老鼠跳到獅子背上。

獅子跟在鸛鳥後頭，每經過一個洞，老鼠就把種子丟下去。「我來把種子蓋起來。」蛇滑行在犁溝間，推著泥土覆蓋每個洞。

五隻動物不眠不休，從早到晚一路工作到隔天，等到播種結束，天空滿布烏雲，雨季的第一場雨也來了。

雨聲驚醒農夫。「快點，我得快點耕田播種，否則今年就沒有作物了。」他慌張地對妻子說。

「不用擔心，老公。你幫助過的動物們回報你的恩情，田裡都播好種了。」

「那一年前所未有地豐收，是農夫本人甚至農夫的父親都不曾有過的。」班達外公說。

「這個故事告訴了我們什麼？」格瑞問。

這是班達外公最愛說的故事之一，孩子們都已經準備好答案。「我們待人必須親切。」六歲的薇拉回答。

「很好。安潔？」格瑞又問。

「好心會有好報。」

「好極了，艾力克斯？」

「一個人可以有所作為，但團結力量更大。」艾力克斯說

「非常好。尼爾森？」

「不要去看彼此的差異，就能發現我們擁有的共同處比想像中還多。」尼爾森說。

「太好了！葛蕾絲，妳有要補充的嗎？」格瑞問。

葛蕾絲無話可說，兄弟姊妹們陳述完所有重點，她的心思也不在故事上。自從知道美國有位名叫艾倫·布朗的婦女聽了露絲的故事，同意要贊助她的中學學費，葛蕾絲滿腦子想的都是露絲。

她說：「媽媽，妳可以聊聊露絲嗎？她做了好事。」

愛德娜也惦記著露絲，她毫不遲疑地說：「露絲就像絕大多數的馬拉威女人，沒有好運，有的只是厄運。結婚時的好運，在發現不能懷孕時沒了，接著變成厄運，因為丈夫需要一個會生的妻子卻養不起第二個，就把她的行李丟到門外，跟她離婚。」

愛德娜停頓片刻。「厄運接二連三，露絲找不到能接納她的人，她只能成為一名酒吧女郎。」

「露絲是怎麼做的？」葛蕾絲問。

「她毫無怨懟，也不自怨自艾，她知道自憐只會引來更多嘲諷。待人親切隨和，充滿愛心也是一種好運，讓人開心，自己也會快樂，即使對方沒有意識到妳的好意。」愛德娜說。

「為什麼露絲不去找她丈夫算帳？」葛蕾絲問母親，後者果斷地回答。

「我相信露絲自己也明白，她丈夫需要一個可以傳宗接代的孩子，跟他們一起下田耕種，老了有人照顧。換句話說，這也是露絲的期望。他是個可憐人，養不起兩個妻子不是他的錯，就像沒辦法生孩子不是露絲的錯一樣。我相信露絲最後一定會祝福他和新妻子，兩人可以生下許多孩子，過著平安健康、幸福快樂的生活，就如妳父親和我對你們所有人的期望一樣。除此以外，她別無他想。

「但不像大多數的馬拉威女人，露絲最終得到好運。好運不是憑空而來，多年來，無論大半的日子如何難過、內心如何煎熬，她始終保持開朗，因此結交到許多好友，是五個好姊妹的『母親』——她有了家人，死前被摯愛的人包圍，在痛苦中握著她的手，替她洗澡，舒展她的眉頭。在多可塔拉的家中，她受到他和五名『好姊妹』的照顧，替她祈禱、跟她聊天、唱歌給她聽，然後去世。」

小火堆就快燃燒殆盡，愛德娜說：「一個女人別無所求了，更別說她還是馬拉威第一個西洋棋女冠軍。」語畢，她淚水盈眶，葛蕾絲和我也落淚了。

我該走了，跟巴拉卡一家道別後，葛蕾絲把我拉到一旁。「我昨晚夢到露絲和棋賽。夢裡，一邊的兵攻擊另一邊的兵，這些兵就像沒價值的人，我和我的家人就是兵，我們得提防那些有力量的人才能前進。我們被旁邊狡猾的主教蒙騙，前頭有無情騎士的襲擊，冷酷的城堡席捲了大地。露絲是莊嚴高大的皇后，她可以自由自在地移動，卻選擇留下來護衛國王、保護我們，在夢中，露絲保護了我和我的家人。多可塔拉，露絲是想告訴我這世間險惡嗎？」她說。

我想著葛蕾絲描述的兵，跪下來平視她的眼睛。「是的，露絲想告訴妳世間險惡，但她同時也想說，妳不是一個沒有價値的兵，妳要發揮自己內心的價値，成爲皇后，就像露絲一樣。」

31 別了，姆津巴大夫與非洲

我說不出道別的話，直接跪倒在地，低垂著頭，左手抓住右手臂往前伸，這是最高敬意的手勢。

「起來吧，孩子。」姆津巴大夫牽起我的手。「看著我。」

我站起身，看到他帶著笑容卻滿臉淚痕。兩年前，我離家要來馬拉威前，老爸的臉上也掛著相同的笑容、相同的淚水。

最後一次造訪姆津巴大夫的那天，萬里無雲，豔陽高照，照理說會讓人心花怒放，然而，沿途風光一點也沒能讓我沉重的心情好轉。

我熄火，沿著斜坡一路靜靜地滑向姆津巴大夫的院子，藉著這股衝勁，直接來到前門。他坐在門廊椅子上，前後緩緩晃動，等著我的到來。無論白天黑夜，他似乎總是清楚我會出現的時間。

我脫掉安全帽，他前來迎接我。「帶了這麼多行李，你是打算留下來住一陣子囉。」

「不是的，Abambo（父親），這是給你的禮物。」我卸下的袋子裡有玉米粉、米、茶葉、糖、奶粉和魚乾。我在耐操的小摩托車上綁了將近一百公斤的糧食。

「Abambo，你一定知道我今天來此的目的。」

「我的確知道，東西就放著吧，我會叫助手來搬。跟我來做最後一趟巡視，有很多人會想跟你道別。」

我們繞過小院子，我跟他的員工　一道別，之後我隨著姆津巴大夫來到門廊，那裡一如往常擱著一張小桌，左右各有一張椅子，桌上擺出我們用了兩年的質樸茶具。我們默默喝著茶，我打量著姆津巴大夫歷經風霜的面容，內心緊揪。

「今天我們就聊天喝茶吧。」他停頓片刻後說：「最後一次。」

「一點也沒錯，Abambo，我明天離開。」我哽咽著說。「我還有一樣東西要送給你。」我把舊背包遞給他。「這個背包舊了，但很好用，輕盈又耐用，背帶有襯墊，很好背。你想怎麼用就怎麼用，禮物在裡面。」

我看著他拉開拉鍊，拿出我要送他的臨別禮物。

「一本新聖經！」他神情一亮。

「我知道你很珍惜你那本舊聖經，但那本都破了。把那本舊的收起來當紀念品，就讀這一本吧，希望你喜歡。」

「我很喜歡，謝謝你，孩子，喝完茶跟我來吧。」

我一飲而盡，跟著姆津巴大夫來到屋後，駐足在跳跳和笨笨的墓前。

「牠們是很棒的狗。」姆津巴大夫牽起我的手牢牢緊握，我的手臂馬上就麻了。

「牠們是最棒的。」我哀傷的心更難受了。

「上帝派出的天使會以各種面貌出現。有些話我一定得說，也只能在此時此地說。當你回到馬拉威，不可再尋找我。我不會在這裡，也不希望你回來。答應我，你永遠不會回到這個地方。」

當我回到馬拉威……意思是我會回來，只是不知道是什麼時候。我暗忖。

「多可塔拉，答應我。」

「我答應，如你所願。」

「很好，我不知道我的靈魂何時踏上歸途，當那天來臨，你自然會知道，請替我開心，不要為我哀悼。」

「我不知道我做不做得到，我沒辦法控制自己的心。」

「我知道，試試看吧。你會再見到跳跳和笨笨，細節我無法詳述，但等你看到牠們，不要害怕，只要知道，一切都會沒事。」

「我會再看到牠們？」我大吃一驚。

「是的，別再追問，我只能說到這裡。來吧。」他拉著我刺痛的手往前走。「你該走了。」

我們走回摩托車，我說不出道別的話，直接跪倒在地，低垂著頭，左手抓住右手臂往前伸，這是最高敬意的手勢。

「起來吧，孩子。」姆津巴大夫牽起我的手。「看著我。」

我站起身，看到他帶著笑容卻滿臉淚痕。兩年前，我離家要來馬拉威前，老爸的臉上也掛著相同的笑容、相同的淚水。

他抓住我的雙手，像初識時那樣將我的手翻轉過來。那一天，他帶著一窩生病的小狗來辦公室。我的雙手和手臂隱隱刺痛，胸口宛如爆裂的火爐般燃燒。

「走吧，騎著你的摩托車，別回頭。我等了你十六年，你替一個日薄西山的殘缺老人帶來由衷的喜悅，是個值得等待的人。」

他鬆開了手，但我不願放手。我擁抱他，忍住淚水，設法開口：「保重，Abambo，珍重再見。」他最後一次緊抱住我，我拍拍他的背，放開他。「再見，姆津巴好大夫。」我拭去臉上的淚水。

「再見，孩子，一路順風，你的前方永遠都有路。」

五年後，在威斯康辛州一個飄雪的寒冷冬日早晨，我煮著咖啡，眼神飄向前院。那裡總是可以看到動物，有時是一隻有著白色尾巴的鹿，有時是隻兔子，偶爾還會在森林邊緣發現狐狸的蹤影。最常看到一群鳥聚集過來大啖飼料。

這一天，前院異常平靜，一隻動物也沒有。我掃視白雪覆蓋的院子，了然於心。我走出門外，跋涉過及膝的雪地，來到矗立屋前的高聳橡樹。一隻貓頭鷹棲息在一根低垂的樹枝上，直勾勾地盯著我看，一隻眼睛眨了眨，嗚叫了聲，隨即展翅高飛。

訊息送達了。我知道是誰。

別了，姆津巴好大夫。願你在上帝慈愛的懷抱裡安息。Pitani bwino，Abambo。

尾聲

身為獸醫，我們學會牛一次只能踢一隻後腳，牛腳會先往前伸，再向外揮，最後往回一踢。所有的書都說，最安全的地方就是側身站在牛後的正中央，讓自己成為最小的目標。

跟牛打了一輩子交道，我發現，這的確是最安全也最實用的作法。直到一九九七年五月的某一天，那時我住在夏威夷，有兩個孩子，家庭幸福美滿。在一個特別的早上，我替一群小母牛做產檢，一百二十隻左右的母牛排排站，屁股連著屁股，雖然大部分的小母牛都很守規矩，但還是得設法壓制幾隻特立獨行、意圖反抗的母牛。

我心無旁鶩地替其中一隻高傲的母牛檢查，牠踢了我幾次都沒有成功，我把手伸進牠的屁股裡時，牠立刻平靜下來，但是當我摸向牠左側的子宮角時，牠同時抬起兩隻後腳，強而有力地後踢，屁股夾著我的左手朝上抬起，我的左胸毫無防備，我的大腦看見牛蹄像慢動作朝我而來，我的身體卻逃脫不了。牠的後蹄踢中我的左側，當時的畫面和感覺我至今記憶猶新。我眼前一黑，再睜開眼，等到視線聚焦，發現自己翻滾到四公尺外的地方。

我痛得無法動彈，幫手來了，我要他們不要碰我。過了好幾分鐘，我才忍痛翻坐起身，極其緩慢地走回辦公室，洗了個澡，換上乾淨的衣服，指示其中一名員工開車送我到急診室。診斷出來，我的肋骨斷裂。他們吩咐我回家休息，吃止痛藥，三天內找醫師做檢查。肋骨骨折非常痛，但估計我一個星期後就能返回工作崗位。

我照著他們的話做，但我擔心不只是被踢中的地方，我的背部也受傷了。背部中央傳來陣陣疼痛，一躺平就痛苦難耐。三天後，我把這種疼痛和我的擔憂描述給醫師聽，他要我照X光和驗尿。

診斷出來，我的胸腔裡有一大塊血栓，肋骨骨折，腎臟沒事，同樣是回家休息、吃止痛藥，要將胸膛緊緊包覆住，被撞到的地方要保持溫暖，估計一個星期後就能返回工作崗位。

四天後，也就是我被牛踢中滿一個星期，太太看著我說：「你看起來快死了，我帶你回去急診室。」我沒有反對，我也覺得自己快死了。幸虧她先打電話跟醫師解釋情況，我一抵達急診室，立刻被帶往檢查室。一名嬌小的菲律賓護理師在我嘴裡塞了根溫度計，手臂裹上血壓壓脈帶。我看到她替壓脈帶充氣，然後洩氣，指針在七十和三十間來回。每個醫院使用的顏色可能不同，一般來說，我就快來到代表性命垂危、需要急救的「藍色警報」。

「怎麼會？我再量一次。」她重新替壓脈帶充氣，然後洩氣。再一次的七十／三十。她擔憂地瞪大褐色雙眼。「你等等，我馬上回來。」

「妳最好快點。」我回答。我的時間不多了，我心想，看著她拉上簾子離去。急診醫師和三名護理師隨即跑來把我搬到輪床上，所有人忙著在我的頸靜脈或手臂靜脈上放入留置針。護理師先試了我的手臂，沒有用，靜脈萎縮了。幸好，一名護理師在我的右頸靜脈成功扎入留置針，固定好之後，以最高流速為我輸液。

值班的外科醫師正好是我家的世交威力・布魯納醫師。他靠向我說：「瑞博，你脾臟破裂，必須立刻動手術，你先躺平，我去擦洗手臂。」他離開，留下我瞪著天花板和日光燈。

我疼痛不已，一躺平，腹內臟器就會擠壓破裂的脾臟。我的身體發抖，很難說是因為疼痛，或是休克，或是冰涼的靜脈輸液不斷灌入我體內的關係。更有可能是害怕，我一直想著七十／三十，我隨時會死。

我躺在床上顫抖，祈求上帝讓我的心臟持續跳動，給威力醫師機會替我開腸剖肚。就在這時，我的雙手突然感到一陣溫暖和潮濕，我太冷了，不可能忽略這種差異。我抬起手查看，是牠們！笨笨在我的右邊，後腳撐地，前腳撲在輪床上，靠近我的大腿，跳跳在左邊，也是同樣的姿勢。兩隻小狗盯著我，舔我的手，喘著氣，我伸手輕撫牠們。

「你在做什麼？」護理師把我推回輪床上，口吻一點也不憐憫。

「我想摸這兩隻狗。」我虛弱地抗議。

「什麼狗？」

「妳不會明白。」我喃喃，躺回床上閉起眼睛。我記得姆津巴大夫的話：「等你看到牠們，不要害怕，只要知道，一切都會沒事。」

就在那一刻，我知道，我會沒事的。

國家圖書館出版品預行編目資料

巫醫、動物與我：菜鳥獸醫又怪異又美好的非洲另類行醫之旅／瑞博醫師Dr. Reb◎著 林小綠◎譯
--初版--台北市：春光出版：家庭傳媒城邦分公司發行；民106.10
ISBN 978-986-94595-8-7 (平裝)
1.瑞博 2.獸醫師 3.傳記

785.28 106016731

【全新封面改版】

巫醫、動物與我：菜鳥獸醫不可思議又眞實療癒的非洲奇幻冒險

原書名／ALL THINGS STRANGE AND WONDERFUL: My Adventures as a Vet in Africa
作者／赫伯特・瑞博漢（瑞博醫師）Herbert Rebhan（Dr. Reb）
譯者／林小綠
企劃選書人／李曉芳
責任編輯／李曉芳、劉瑄

版權行政暨數位業務專員／陳玉鈴
資深版權專員／許儀盈
行銷企劃／陳姿億
行銷業務經理／李振東
副總編輯／王雪莉
發行人／何飛鵬
法律顧問／元禾法律事務所 王子文律師
出版／春光出版
台北市104中山區民生東路二段 141 號 8 樓
電話：(02) 2500-7008 傳真：(02) 2502-7676
部落格：http://stareast.pixnet.net/blog E-mail：stareast_service@cite.com.tw
發行／英屬蓋曼群島商家庭傳媒股份有限公司城邦分公司
台北市中山區民生東路二段 141 號11 樓
書虫客服服務專線：(02) 2500-7718 / (02) 2500-7719
24小時傳眞服務：(02) 2500-1990 / (02) 2500-1991
服務時間：週一至週五上午9:30～12:00，下午13:30～17:00
郵撥帳號：19863813 戶名：書虫股份有限公司
讀者服務信箱E-mail: service@readingclub.com.tw
歡迎光臨城邦讀書花園 網址：www.cite.com.tw
香港發行所／城邦（香港）出版集團有限公司
香港灣仔駱克道 193 號東超商業中心 1 樓
電話：(852) 2508-6231 傳眞：(852) 2578-9337
E-mail : hkcite@biznetvigator.com
馬新發行所／城邦（馬新）出版集團 Cite(M)Sdn. Bhd
41, Jalan Radin Anum, Bandar Baru Sri Petaling,
57000 Kuala Lumpur, Malaysia.
Tel: (603) 90578822 Fax:(603) 90576622 E-mail:cite@cite.com.my

封面設計／李涵硯
內頁排版／極翔企業有限公司
印刷／高典印刷有限公司

■ 2017 年（民 106）10 月 3 日初版
■ 2022 年（民 111）8 月 29 日二版 2 刷

Printed in Taiwan

城邦讀書花園
www.cite.com.tw

售價／320元

ISBN 978-986-94595-8-7

廣 告 回 函
北區郵政管理登記證
台北廣字第000791號
郵資已付，免貼郵票

104台北市民生東路二段141號11樓

英屬蓋曼群島商家庭傳媒股份有限公司
城邦分公司

請沿虛線對折，謝謝！

愛情．生活．心靈
閱讀春光，生命從此神采飛揚

春光出版

【全新封面改版】
書號：OK0123X　書名：巫醫、動物與我：菜鳥獸醫不可思議又真實療癒的非洲奇幻冒險

請於此處用膠水黏貼

讀者回函卡

謝謝您購買我們出版的書籍！請費心填寫此回函卡，我們將不定期寄上城邦集團最新的出版訊息。

姓名：________________________

性別：□男　□女

生日：西元________年________月________日

地址：________________________

聯絡電話：________________ 傳真：________________

E-mail：________________________

職業：□1.學生 □2.軍公教 □3.服務 □4.金融 □5.製造 □6.資訊

□7.傳播 □8.自由業 □9.農漁牧 □10.家管 □11.退休

□12.其他 ________________

您從何種方式得知本書消息？

□1.書店 □2.網路 □3.報紙 □4.雜誌 □5.廣播 □6.電視

□7.親友推薦 □8.其他 ________________

您通常以何種方式購書？

□1.書店 □2.網路 □3.傳真訂購 □4.郵局劃撥 □5.其他 ________

您喜歡閱讀哪些類別的書籍？

□1.財經商業 □2.自然科學 □3.歷史 □4.法律 □5.文學

□6.休閒旅遊 □7.小說 □8.人物傳記 □9.生活、勵志

□10.其他 ________________

請於此處用膠水黏貼